「いろんな人がいる」が当たり前の教室に
6－2
原田真知子・著
上間陽子・解説
高文研

はじめに

一年生のサラがポニーテールを揺らし、水色のランドセルをはずませながらやって来る。私は校門の外にいた。ランドセルごとはずむその姿を見つけて手を振ろうとしたとき、多分私に気づく前に、彼女はふいに一瞬足を止め、それからうつむき加減になってゆっくりと校門に向かって歩いてきた。

校門の中では、二〇人ほどの高学年と教師たちが、「えがおであいさつ」「きょうもげんきに『おはようございます！』」などと書かれた紙を掲げながら、「おはようございます！」と大きな声をあげている。はずかしがりやのサラはこれが苦手なのだ。私は、校門の外でサラに声をかけた。

「サラ、おはよう」

「あっ、まちこ先生……」と少しまぶしそうに見上げるサラの顔がぱぁーっと晴れた。

「あのね、サラね、今日来るときに花の蜜吸ったんだよ。甘かったんだよー」

「わあ、いいなぁ。先生もそれ、吸ってみたいなぁ」

「うん。今度教えてあげるよ！」

会話をしながら「おはようございます！」の嵐の横を通り抜けることができた。よかった。いい朝になったなぁと思う。今朝もすてきなエピソードから始まったぞ、と。

学校はエピソードであふれている。おとなも子どもも、ほっこりしたり、大笑いしたり、涙がにじんだり、怒りで顔が真っ赤になったり、感動で胸がいっぱいになったり……。

私は学校で出会うこれらのエピソードを、誰かに伝えたくてたまらなくて、同僚にたくさん話したし、学級通信でおうちの人に伝えたし、ときには学生時代からの友人たちとの会食で披露したりもした。

やがて全国生活指導研究協議会（全生研）に参加し、実践記録を書くようになった。全生研では、学習会や『生活指導』誌で発表された実践記録を互いに読み合い、分析し、議論を重ねてきた。しだいに私にとっての実践記録とは、単に「伝えたいエピソードを書き連ねたもの」ではなく、子どもの現実を読み解き、教育の仕事とは何かを共に問い合い、学び合うための大事なテキストとなっていった。

とはいえ、エピソードが宝物であることに変わりはない。「スタンダード」に則（のっと）って「みんな同じ」と「きちんとすること」ばかりをよしとし、「元気なあいさつ」を強要する学校では、小さなエピソードはかき消されてしまう。

子どもたちはたくさんつぶやいているし、叫んでもいる。激しくぶつかり合うし、許し合いもする。当たり前だがすべてに理由がある。自分で選びとったのではない事情がある。また子どもたちは夢中になって学びながら、ひょいと大人を越えていってしまったりもする。

だから私は、まず子どもや保護者の声を聴く者として、ともにエピソードを生み出しそれを喜んだり悲しんだりしながら味わう者であろうとした。さらに子どもたちと学び、社会をどう変革していったらいいのかを考え合う者として、ともにありたいと願ってきた。

そうした軌跡を実践記録として書くことは、私の終わらない学びの中核をなしていた。こうして一冊にまとめた後も、学びは続くと考えている。ともに学んでいただければ、幸いである。

◎もくじ

装丁：細川 佳

「いろんな人がいる」が当たり前の教室に

Ⅰ．イブキのいる教室

始業式を迎えた六年生たち。配られた学級編制名簿に誰もがすばやく目を通す。自分の名前をさがし、もう一人の名前をさがし……安堵する子、がっくり肩を落とす子。学年の多くの子たちが、イブキと同級生になることを恐れていた。

五年の後期後半、イブキのいた三組は、ほとんど無秩序状態になっていた。イブキを中心とした男子グループによる教室抜け出し、授業妨害。次から次へと暴力的なできごとが起こり、教室は常に暴言の飛び交う空間になっていた。イブキの担任反抗もすさまじかった。

そんな中で萎縮しきった子たちは、「早く五年生が終わりますように」とひたすら耐えていた。元気のいい女子グループは、男子グループと暴言暴力でわたりあい、一方で同一化しようとしていた。そして、グループ内部ではいじめやはずしをくり返し、また教室内外の子どもたちの物を盗んだり破壊したりなどの行動をグループの「秘密の遊戯」としていた。「シークレットキャンディーズ」と、彼女たちは自分たちのグループに命名すらしていた。彼女たちからの聴き取りで見えてきたのは、傷つき、疲弊しきった姿だった。それはただただ痛ましく、私は同じ学年の教師として彼女たちを守ってやれなかったことを悔い、心から謝罪した。

五年末、イブキは隣りの学区へ転居した。学級編制名簿は、とりあえず「イブキがいる場合」を想定して作ったが、転校が決まればすぐにでも作り直すことを学年教師たちと決めていた。学年の多くの子たちが「イブキと同じクラスになること」を恐れている。「いっしょになったらもう学校には行かない」と言っている子までいた。何度も「心が折れる」ようなできごとに出会ってきている三組の子どもたちの拒否感は特に強い。イブキが入る新クラスには、三組からは女の子は誰も入れないことにしてあった。そうせざるを得ない、と判断した。

イブキは転校しなかった。そして、私が受け持つことになった。

同級生になった子どもたちの緊張と覚悟とあきらめ。決して晴れやかとは言えない空気が漂う教室で、これからどんな学びを作りだすことができるのか。

2. どうしちゃったんだろう、この子

イブキは同じことを五分と続けられない。廊下や教室内を歩き回りながら周囲の人や物を簡単に叩いたり蹴ったりする。誰とでもケンカをする。「うるせッ、だまれデブ！」と攻撃的な言葉を大声で言い続ける。誰かが発言しているときに「死にぞこない」などと唐突につぶやく。物を投げる。しゃべることの八割程度は嘘。ムチャで危険な行動をする。校庭で爆竹を鳴らす、給食のワゴンに乗って廊下を疾走する、四階の教室の窓から物を落とす、公園で火遊び……などなど。保護者が大勢授業参観している低学年の教室（二階）に、窓から入って黒板前を横断し、廊下へ出て行ったこともあった。

注意されると汚いことばで言い返すかにやにやするかなので、学校には地域の人からの苦情の電話が何度もかかってくる。駅で知らないおばさんの怒りを買い、傘で殴られたこともある。

非行傾向のある中学生・高校生・無職少年などに顔が広く、放課後もケンカやもめごとが絶えない。「遊んで」と高校生たちに声をかけ、「ただではダメ」と言われると「じゃあうちのクラスの○○とセックスさせてやる」と言ったこともあった。

これらは、五年のときの担任や同級生の子どもたちから聴き取った内容と、六年になってから実際にイブキが起こしたできごとである。

大暴れの男の子には、何度も出会ってきた。その中でもとびっきりだなと、私は緊張しながらイブキを見つめていた。「どうしちゃったんだろう、この子」と、よく動く不思議な生き物をじっと観察しているような心境だった。

3. イブキがこうなったのは？

母に会ったのは始業式の日。「お母さん、転校しないでうちの学校を選んだんですね。歓迎します。私が担任です。いっしょにやっていきましょう」と声をかけた。

「育てにくくて大変だったでしょう。この一年は私もいっしょに背負うつもりでいますから。イブキにとっていいことをたくさん見つけていきましょうね」

「はい。家族もがんばります。あの、ヘンかもしれないんですけどね、私イブキと約束したんですよ。今年いい子になったら、タバコやめるって」

「おおー、体はっちゃってますね。その意気に私もこたえられるようにしなくちゃ」

ちょっとこの会話は、確かにヘンだなと思いながらも、母の意気込みを知ることはできた。近々祖母（母の実母）も含めて面談をすることを約束し、携帯のメールアドレスを交換して「連絡はメールでね」ということも決めた。

祖父母は地域で商店を営んでいる。母はイブキが五年のときまではそこで週に何日か働きながらイブキと三才の弟、二才の妹を育てていた。

「ずっとひとりっ子みたいなものだったし、喘息もちだったっていうこともあって、私たち（祖父母）だけでなくお店で働いている人たちからも甘やかされて、本当に辛抱のきかない子になっちゃってねぇ……」と、祖母はため息をついた。

発達障がいの検査と教育相談はすでに申し込んであると言う。

「もっと早くにそうしていればよかったんですよね。家族の責任ですよね、イブキがこうなったのは」

と母と祖母は口を揃える。

「いや、そればかりではないと思いますよ」と言いながら、私は考えていた。

そう、そればかりではない。発達障がいを抱えているのは明らかだ。確かに甘やかされてもきたのだろう。八才までひとりっ子だったという事情も影響しているだろう。でも、やはりそればかりではないはずだ。では、あとは何か。それこそが今後の指導の軸になる。予測はついていた。父親の問題。そしてイブキがこれまで五年間を過ごしてきた学校の「まなざし」と「指導」だ。私には確かに覚えがある。大暴れの男の子たちの多くに、それらは共通していた。

4. イブキの中の父親

五月、イブキが近隣校の同学年の男子から「タイマンはれ」と何度も言われる、というできごとがあった。私と母は、それは一方的な話ではないだろうと予測しつつも、「絶対に相手になっちゃダメ。何かされそうになったら逃げなさい」と、イブキに話していた。しばらくして、その話が父に知れる。夜、父から私の自宅に電話があった。

「黙ってやられてろってこと?」

電話の向こうで「ことですか、でしょ!」と母がたしなめる声がする。

「息子に、パパオレ絶対やり返しちゃいけないの? ってきかれて、やられてろ、がまんしろ、とは言えないよ。相手が刃物なんか持ってたらどうすんのよ」

危険な物を持っていたらそれこそやりあってはいけない、イブキを守るために最良の策を考えているのだということ、相手の子の学校にも、地区の警察の少年課にも連絡済み(少年課は相手の子のことを把握していた)であることなどを話し、最後は「よろしくお願いしますよ」という父のことばで長い電話は終わった。それは「先生よぉ、しっかりしてくれよぉ」というニュアンスを含んでいるように聞こえた。電話中、母から携帯にメールが入った。

「すいません^^;　親子共々迷惑をおかけしちゃって……本当にすいません」

母がどんなにイブキに「やってはいけないこと」を話しても、それをぶち壊すようなことを父は言うのだと、かつて母から聞いた話を思い出していた。父はイブキを叱らない。同調するのみだ。母と共に向き合わなければならない相手が、ここにいた。

イブキが六年になる頃、母は夫のやっている店を手伝わなくてはならないことになった。住まいもその二階に移ったのだ。その苦しさを母はこう語った。

「今までパパはまったく家のことも子育てもしなくて、遅く帰って来てはろくでもないことをイブキに話すだけだったんだけど、今は仕事場と家がいっしょだから顔を合わすことが多くなって……。何よりも私がずっとパパと顔を合わせていなくちゃならないのが、つらいんです」

イブキの乱暴狼藉は男にも女にも向かうが、特に女の子に対して容赦ない。正論を言う子、大人しい子、容貌の気に入らない子……そういう子たちに対して、激しく執拗に攻撃する。また、イブキはそうじや給食当番、係、委員会などの仕事をまったくしない。お気に入りの女の子には極端に甘えてみせたりする。そうかと思うとあっという間に逆上して攻撃する。

そんなイブキの男性像や女性観に、父と家族のありよう、そして父の言動は大きな影響を与えているのではないか。母もそのことに気づいていた。私たち二人で、気づいていた。

5．頼むぞダイキ、そして「イブキ対策本部」

さて、どこから始めたものか。五年のときには、学年や全校の行事などの際に「おしゃべりしない！」「動き回らないで」などと注意をしては無視される、というのが私とイブキの関係だった。話にならない。まず会話の糸口を見つけよう。

受け持つと同時にさまざまな試みをした。

イブキは人前で自己紹介なんてするわけがない（そんなことしなくてもみんなイブキのことをよーく知っていたが）と思ったので、名前を使った「あいうえお作文」を書かせることにした。「ま、書かなくてもいいけど」と思いながら。

「『ふじたいぶき』で自分のことを紹介するんだよ」

「はっ、なんだそりゃ」

「ふ、ふ、ふ……なんか思いつかない？」

「フリーザ」

「何それ」

「えーッ、フリーザ知らないのー！　だっさー」

「教えて教えて」

「しょうがない、教えてやるか」

思わず「フリーザ」とつぶやいたところから、穏やかな会話ができた。

ふりーざがすき
じまんはかけっこがはやいこと
たれめとかいわれる
いつもけがをしている
ぶすはきらい
きっとことしはいい子になる
　　　ふじたいぶきです

無理やり言わせて私が書く。それを見ながら画用紙にイブキが書く。そのくり返し。最後の一行には驚いた。もちろん私が言ったのだが、黙ってそのまま書いた。のぞきこんでいた周囲の子どもたちの中から「ホントかよ」とつっこんだのはダイキだった。こんな時につっこめるのはダイキだけだ。「じょうだんに決まってるだろ」とイブキは笑った。それでも私は、イブキの心の中の声をほんの少し聞いたような気がしていた。

ダイキは五年の時も私のクラスだった。サッカー少年で、足の速さは学年一のイブキに次ぐ。三年で新任の教師のクラスで荒れ、四年では「人に当たらず物に当たる」ところまで成長した、とは本人と周りの子の弁。五年では、クラスのムードメーカーだった。「先生、お母さんなかなか信じてくれないんだよ。ちゃんと『乱暴なことは全然してない』って言ってよ」と個人面談の前に言い募った。個人面談で、「本当だったんですね……」と母は泣いた。ダイキは母の希望だった。兄の家庭内暴力、姉の反抗、夫・姑と母との不和、離婚に向けての準備など、家が大変なとき、ダイキは母の希望だった。

五年の終わり、それまでイブキといっしょに悪さをくり返してきた同級生の男の子たちが「もうイブキとは関わりたくない」と言って一斉に去って行った。ひとりぼっちになったイブキはしばらく学校を休んだ。「こうなったのは担任のせい」と父は担任を責めたが、去って行った男の子たちがふたたびイブキのもとに戻ることはなかった。彼らにとっては、長きにわたるイブキの支配からようやく抜け出せたということでもあったのだから。

その頃、「もしイブキと同じクラスになったら、ダイキはどうなるかなぁ」とかまをかけると、ダイキは「オレは平気。つられないし、ちゃんと言えるし」と言っていた。

「友だちになれる?」

「なれるよ。オレ、今でも放課後イブキと遊ぶことあるもん」とも。

頼むぞダイキ……そんな思いでいっしょのクラスにした。ま、つられないことはないだろうな、とも読んではいたが。つられるくらいでないと友だちになんてなれるわけがない。

イブキを恐れずにモノが言える男の子は、ダイキと幼なじみのショウだけ。他に男子二人が親同士が知っている仲ということもあり、いっしょに遊ぶことができる。保育園でいっしょだったというサエやホナミなど外遊び大好きの元気な女の子たちもイブキと会話ができた。その彼らにしても「ああもう、イブキ学校休んでくれないかな」とつぶやくことはあったが。

そんな彼らが当初の「イブキ対策本部」の中心メンバーとなる。もちろんそんな命名をした訳ではない。私が勝手に心に決めた「本部」だ。私は彼らのつぶやきに「ホントだよね。全然休まないもんね。まいっちゃうよね」と心から賛同しつつ、「どうしちゃったんだろう、この子」という問いを共有してもらうべく、彼らとの対話を続けた。

小さい頃のことや学校に上がってからのこと、地域で、野球部で、家族といるとき……など私に見えないイブキの様子をたくさん聴いた。そこから「方針」が立ち上がってくるのだ。

6．学校の「いらない子」

「一年の最初の頃は『ママーッ！』って泣いて、お母さんから離れなかったんだよ」

「でもすぐにやりたい放題になった」

「それからずーっと、悪ガキだよね。先生に怒られまくり。三年のときはよく金子先生と戦ってたよ。先生に蹴られてやり返したりして」

イブキに対する学校のまなざしは厳しかった。悪さは止まらず、叱ると実に憎々しげな反応をするので、「やんちゃ坊主」から「反抗的な子」「やっかいな子」となり、やがて教師たちの対応は「より激しく叱責する」「親の問題にする」の時期を経て「見て見ぬふり」になっていく。

教師たちから目をそむけられるようになったイブキは、肩を聳（そび）やかし、あたりを睥睨（へいげい）し、時ににやにや笑い、物や人に蹴りやパンチを入れながら歩き回った。ますますそうするしかなかったのだな、と「対策本部」の子どもたちと話しながら気づくことができた。

学校には、イブキの三年のときの担任のように、廊下の端から端まで響き渡るほどの大声でどなる男の教師が何人もいたが、彼らもイブキだけは避けて通った。父同様、彼らもイブキと根っこの同じ問題を抱えているのだろう。イブキと父とどなり教師たちに共通するもの。それは彼らが「こういうこと」だと無意識のうちにみなし、求めている、あるいは求められていると思いこんでいる「男性性」の問題ではないだろうか。こういう場合、同病は相哀れんだりしない。支配へのレースをどちらも下りないだけだ。担任している子に対しては支配を競って戦い、私が担任しているイブキのことは、見ないふりだ。

イブキは明らかに混乱していた。「ガキ大将」と「坊や」が心理的に混在するのは男一般にありがちなことだろうが、彼の中ではあまりにもそれらがめまぐるしく入れ替わり、激しく表出する。身も心もまったくもって未熟なまま「男性性」の幻影に振り回されているように見える。しかも抑えられない衝動性を抱えている。そう思うと、混乱したままとりあえず支配の側であろうとすることば、態度、歩き方や筋肉質の体まで、何だか痛々しく思えてきた。

幼児期をやり直させたい。私はやがてそんな風に考えるようになった。

7.「ママのイブキ」から始めよう

「どうしちゃったんだろう」の答えは簡単には見つからなかったが、待ってはいられないので、次々にはたらきかけ、無視されたり暴言を吐かれたりしながらも、さまざまな試みをした。

「それはやめておいた方がいい」と思われる行動は、ひとつひとつカードに書いて、その訳も説明した。

「授業中に黙って教室の外に出ない」（心配だから）

「給食のワゴンには乗らない」（イブキも周りの子もケガをしてしまうかもしれないから）

「ランドセルをロッカーの上に投げて乗せない」（近くの子に当たると痛いし、大事なランドセルが傷むから）

きりがない。きりがないけど、やるしかなかった。「うっせえよ」という反応は次第に少なくなった。「知らねえよ」ということばが、まさにことば通りなのだということもわかってきた。

廊下に置いてある「右側を静かに歩きましょう」と書いたキャスターつきの看板に乗ってすべっていたイブキに、「そういうのには乗らないってこの前教えたでしょ」と言うと、「えっ、それって給食のワゴンのことだろ」と真顔で答える。そうか。そういうことか。と、またカードを書き、いっしょに読み上げ、ノートに貼る。カードには日付も入れる。時々ノートをめくっては、「四月一六日まではできなかったんだね、これ。できるようになったよねぇ」などと確認しつつ祝福した。そう、ランドセルは投げなくなったのだ。ほかの物は投げるが。

もちろん「よいこと」もたくさん書いた。そして、母にメールで伝えた。宿題も、できそうなことは伝えた。「はい、がんばってやらせます！」と返事が届く。翌日、「イブキが宿題をやってくるなんて！」と大げさに喜ぶと、「先生、またママにメールしといて」と言う。

この頃からだ。この子自身も「幼児化」することを求めていると理解し、たっぷりそうさせようと思い始めたのは。

イブキのいる前で母と携帯で話して「仲良し」をアピールした。

「ママってかけっこ速かったんだってね。イブキはママ似なんだなぁ」

「それ、ママが選んでくれた服でしょう」

「ママほどではないけど、私だってイブキのこと大事なんだよ」

「昨日、ママと会ったよ。いいこと聞いちゃった」

と、ママの話をたくさんした。

しばらくして調理実習の用意を忘れて母が届けにきた日、帰って行く母の背中に「ママー、サンキュッ！」とイブキが叫ぶのを聞いた子どもたちは、目を丸くした。それは、イブキがクラスの子どもたちにも「ママのイブキ」を公開し、イブキ像を大きく変える記念すべき日になった。

8. イブキをはずさない

もちろんトラブルはたくさん起きていた。音楽室のガラスを割ったし、バイオリンも土器のレプリカもこわした。理科室のビーカーも投げて割った。攻撃されて傷ついた子も何人もいる。そうじや給食当番は相変わらずまったくしない。授業で自分の席に座っていられるのは、数分。歩き回りもちょっかいも爆睡もあり。

グループで回る鎌倉見学はさんざんだった。「イブキを同じグループにすること」の大変さを十分にわかっていた「対策本部」のサエやショウたちだったが、帰り着いた時には、疲れ果てていた。

電車で大声を出したり走り回ったりしていたのはイブキなのに知らない大人にいっしょに怒られたり、突然山道を走り出してしまうイブキが投げ出した荷物を背負って後を追ったり、とりわけ「名所」で論外な行為をしようとするのを止めたりすることが予想した以上に大変だったことは、報告を聞いていてもじゅうぶん伝わってきた。心から「お疲れ様」と労をねぎらった。

「社会見学でこんな大変な試練を抱えるなんて……なかなかないことだよね、先生」と、それでもサエは「がんばった自分」にも、「イブキと切れずに最後まで回れたこと」にも、満足しているようだった。

そう、イブキをはずさない、支配被支配関係ではない友だち関係をつくる、そうして言いたいことを言い合えるようになる、それらが「対策本部」の課題だった。それしかない、と何度も確認していたのだ。イブキの混乱がおさまらない限り、自分たちの日々も悲惨なのだから、課題に挑むしかなかった。

ダイキとホナミを中心に、イブキが参加する放課後の遊びグループも活発化していた。音楽室のガラスを割ったのは、そこで遊んでいるときだった。ダイキは「イブキやべえよ。オレ止められないかも」と言った。「誰も止められないんだから、いいんだよ。ガラスのことは気にすることない。親子で謝りに来て、イブキにとってはいい経験だったよ」と話した。

それより「今年は（先生に）面倒かけられねえんだ」と母に話しているというダイキの心意気とイブキへのアプローチに、私は敬意を抱いていたし、励まされてもいた。

9．川田先生との出会い

イブキへの対応は難しいのではないかと懸念もあったが、学生ボランティアを要請していた。NPOからの派遣の学生に、週に数時間入ってもらうことにした。大学一年の男子学生がやってきた。さっそくイブキから強烈な「あっち行け」攻撃を受けているが、にこにこしている。「なんでよぉ～」と言いながら、それでも関わろうとしている。イブキの表情が微かに変化する。いける、と思った。紆余曲折はあったが、イブキはその学生、川田先生になついた。

教室で騒ぎまくってどうにもならなかったとき、『ワルのぽけっと』（灰谷健次郎著、理論社）という本を選び、書き写しの課題を出した。教室の向かいの個別学習室で川田先生といっしょにやっておいで、一ページ終わったら好きなことしていいよ、と。しばらくして個別学習室をのぞくと、ホワイトボードに何やら書いてある。

「何してたの？」

「あのね、川田先生ってピアノ弾けるんだって」

「川田先生のママね、病気なんだって」

ホワイトボードに書いてあったのは二人の家族の名前だった。二人はそこで互いに「自分語り」をしていたらしい。

「今日、オレの班で給食食べてよ」とイブキが言うと、「今日は三年の教室で食べる」と川田先生はにべもない。

「休み時間、遊んで」

「ごめん、原田先生と話したいことがあるんだ」

「……お前なんか大っきらいだよッ！」

どんなに愛されちゃっても侵入はさせない、そんな川田先生の姿勢に感心させられた。服従を求めて恫喝したりしない、ボスと子分にも、その逆にもならない、友だち風情でいながらいきなりどなったりもしない。「男性性に疑いを持たない男」ではない大人の男に、イブキは初めて出会うことができたのかもしれなかった。

10．いろんな人がいる　その1

「いろんな人がいる」という授業（総合、道徳、学活、国語、社会などの時間を使った）は、早くからシリーズでやっていた。イブキを恐れ、「理解できない」という思いを抱えておびえている多くの子どもたちに、「イブキのような子」について知ってほしかったし、イブキにも、「人はいろいろだ」ということに気づいてほしかった。何より、差別や排除によって人権がおびやかされている人たちがたくさんいること、その社会の仕組み、課題と「乗り越えるために必要なことは何か」を共に学んでいきたかった。

イブキは、難解なことばが頻繁に出てくるような学習は大声を出すことで拒否するのだが（だから「アパルトヘイト」も拒否したし、国語も社会も「難しいことば」が出てくるとたんに教室を出ていった）、このシリーズには興味を持っていた。

ADHDについて、NHKの番組を録画したものをみんなで見ていたときには、教室の前の方に陣取り、一五分の番組をずっと見ていることができた。見終わった後、番組で紹介されていたADHDの特性を並べた項目について、

「先生、オレ、三つぐらいは違かった」と、彼なりのことばで反応していた。

「えー、だいたいあてはまってたじゃん」

「お前だって合ってただろ」

「オレは三つぐらいね」と、ダイキと言い合ったりもしていた。そこで、

「私だって、これは自分のことだなぁと思う項目がいくつもあったよ」と話し、

「グラデーションがあるに過ぎない。障がいかどうかなんて分けることに意味はないんだ」

という話も、彼らに分かることばでつけ加えた。

イブキは、少年兵や貧困にあえぐ子どもたちの姿を描いたオムニバス映画「それでも生きる子供たちへ」は大好きで、教室にあるDVDを持って「これ見ようよ」と何度も言ってきた。

他にも、知的障がいを持つ人たちの仕事ぶり、全盲ろうの夫婦の暮らし、難聴の野球選手を取り上げた「静寂のマウンド」、学区にある障がいのある人を多く雇い入れている会社を取り上げたテレビ番組など、映像を見て感想を語り合ったり討論したりする機会をたくさん作った。

イブキもいつもそこにいた。感想は書かないし、誰かが意見を言っている時に「は？ なに言ってんの？」とちゃかすように言うこともあったが。書かないのは「書けない」からだし、「なに言ってんの？」は、本当に分からないから聞いているのだ、ということに、私たちは少しずつ気づいていった。

そして、そこにイブキが「いる」ということに意味があるのだと考えるようになった。

九月、「あなたのコンプレックスは何？」という問いから新たな学習をスタートした。イブキは「べんきょうができない」と書いた。その後、病気で片足を失った青年が車椅子テニスの選手として生き生きと活躍する映像を見て、子どもたちは乗り越えた人の強さを知った。でも、「私には無理かもしれな

い」という感想もいくつかあった。

続きは授業参観で行った。「いろんな人がいる」のタイトルのあと、大型画面に映し出したのは、タレントの椿姫彩菜さん。「この人のコンプレックスは何だろう?」と問いかけると、「背が高すぎる」「病気がある」など多様な推測が返ってきた。続いて中村中さんの写真を見せ、中村さんの歌「友だちの詩」を流す。

「この人を知っていますか」と聞くと、「知っている」「歌を聴いたことがある」という子が数人いた。次に、はるな愛さんの写真を見せる。みんな「知ってる!」と言う。テレビ番組でマラソンを走った直後の頃だった。「あっ、大西賢治だ」の声が上がり、笑いが広がる。

「この人たちの共通点は何だろう?」と問いかけると、子どもたちの多くははっとしたようになる。

「えっ、先生、もう一回さっきの人の写真見せて」

「中村中って男? うそ……」という声も。

三人三様の「いじめられ」や「家族からの拒絶」「居場所がないことの苦しさ」の体験を、それぞれの手記やテレビ番組での発言から紹介する。自分のことを、椿姫さんは「ゆうちゃん」、はるなさんは「けんちゃん」と言っていたことも伝えた。

「誰にだってコンプレックスはあるよね。たまたま、私のコンプレックスは『男』の身体をしている、ということだった。コンプレックスは、大切な『個性』にもなり得るということに、私は気づいた。だから、コンプレックスを磨いて『個性』になった時、それが一番その人を輝かせてくれるんだと、私自身、実感している」

という椿姫彩菜さんのことばを最後に紹介した。

「オレとかボクとか言いたくなかったんだと思う」

「ただ他の人とちがうだけで、それに自分の考えや気持ちは自由なのに、なぜいじめるのか」

「自分のクラスにいたら、助けてあげたい」

「わたしはいじめられることがこわくて何もできないと思う」

「ぼくはちょっと気持ち悪いと思っちゃうかもしれない。でも人に自分の気持ちはあやつられたくない」

「体は男だけど気持ちは女ならそれでいいと思う。それをからかう人はサイテーだ」

「コンプレックスは個性だとわかった。背が低いなんてべつに気にしなくていいんだと思った」

「こんなに苦しい思いをしていたなんて知らなかった。事実を知らないからいじめが起こる。もっと知らせていくべきだ」

「私たちが好きにしたりできるように、自分の好きなように生きてほしい」

と、子どもたちの感想交流が続く間、イブキは、ずっと座ってきょろきょろしていた。

その後、オリンピックに出場した南アフリカ共和国のキャスター・セメンヤ選手が出会った困難を紹介し、子どもたちは「性の境界線のあいまいさ」についても知った。教室には『ＩＳ～男でも女でもない性～』というタイトルの漫画を置いた。多くの子どもたちが熱心にこれを読んでいた。

これらの授業でイブキが何を学んでいたのか。イブキ自身はそれをことばにすることができない。でも、未熟なまま「男」として無理やりにかたどられてきたイブキが、少しずつその型枠をはずしつつあることを、私は実感していた。同時に、クラスの子どもたちにとってイブキも「いろんな人」の中の一人になりつつあることも。

たくさんの学びや周囲の子たちからの「イブキをはずさない」働きかけを経て、イブキは次第に肩を聳やかさずとも廊下を歩くことができるようになった。そればかりか、甘えた声も出すようになってきた。

「午後から出張だから、あとよろしく」と言うと、

「えっ、やだぁ〜！　先生、行かないで。オレも連れてって〜」

と叫ぶイブキは、明らかに幼児期からの「やり直し」を続けているかのようだった。

そんな中、廊下に響き渡る教師たちのどなり声は続いていた。その声を聞きながら「ああ、またもう一人のイブキが……」と、もどかしい思いになるのを止められずにいた。

11．いろんな人がいる　その2

こうして、子どもたちは世界の子どもたちが直面している現実や、いろいろな立場、境遇の人たちがいることを知り、その中には人権が十分に守られていないケース、差別や排除を受けて苦しんでいる人たちがいることを知った。

そして、今まで見てきた例も含めて、さらにほかにもそういうケースはないだろうか、と広げて考え

るように投げかけてみた。

障がいをもつ人・在日外国人・ホームレスの人・男性、女性（性に関わること）・アイヌの人たち・学歴・貧富・見た目（容ぼう）・病気の人・被差別部落の人……たくさん出てきた。さらに、自分がした、された、または目撃した「人権侵害」についても思い出してみることで、それは「ひとごと」ではないということに、私と子どもたちは気づいていった。

「メディアによる人権侵害もあるのではないか」という声に、多くの子どもたちが答えた。

●テレビのバラエティー番組で、「しんすけ」が女芸人に向かって、デブとかブスとか言って笑っていた。

●テレビで、「この人はくずだなと思う人はだれですか」と聞いていた人がいた。

●性同一性障がいの人に、「お前、男なんだから女のかっこうするな！」と言っている人がいた。

●福田元首相の『あなたとは違うんです』発言に腹が立った。

●「デブだしブスだからあんなことしなくちゃいけないけど、君みたいなきれいな人は、やっちゃいけないんだよ」と言ってた。これも「しんすけ」。

毎日の「朝の会」には、日直がニュースを取り上げて記録してきて、それを発表する「クローズアップ・ザ・ニュース」というコーナーを設けていた。

ＢＢＣのクイズ番組が、二重被ばくした山口さんのことを取り上げ、「運の悪い男」とちゃかすような紹介をした、というニュースが紹介された時、子どもたちは「怒り」を共有した。この頃になるとイブキも次のような短い感想を書くようになっていた。

●げんばくのひがいを二どもたいけんしてて、その人をばかにするのはひどいなとおもいました。

サエからは「自分たちも似たようなことをしていないだろうか」という問いも出された。それに対して次のような声が出され、自分たちをふり返る機会になった。

●ニュースを見ていて、中国のことをばかにしている、と思うことがある。

●それをおもしろがって見ている人も多い。

この学びのシリーズは、「人権を守るために活動している人たち」についても、たくさん取り上げていった。

12. いろんな人がいる　その3

一二月、「ホームレスということばを聞いたことがありますか」という問いかけから新たな学びを始めた。子どもたちがワークシートに書き込む形で答える質問項目は、五つ。

「ホームレスということばを聞いたことがありますか」……これは全員「ある」という答え。

「ホームレスとはどういう意味だと思いますか」……「家がない人」「貧しい人」「働かない人」などの答え。

「ホームレスの人と会ったことがありますか」……三三人中二四人が「あります」。

「町でホームレスの人に会ったらどうしますか」……「逃げる」「無視する」「近くの大人に言う」など。「ホームレスの人のことをどう思いますか」……多くが「こわい」「不潔なイメージ」「びんぼう」「かわいそう」など。中に「やさしい人もいると思う」という子も。

こんな辛辣なことを書いている子もいた。

●よく近くの川のそばとかでみかけると、いっつもねていて、もしかしたら、なりたくてなってる人もいるんじゃないかといつも思う。犬と散歩をしていたら、ホームレスの人に「その犬、ペットショップに売ったらいくらになる？」って言われたことがあって、そんなに金ないのかと思った。

全員の回答を匿名で（番号をつけて）まとめ、印刷して配る。番号のみを一覧表にした紙も配り、それぞれの番号の意見に対して、「共感」「反論」「よくわからない」「みんなで考えたい」などの印をつけ、質問や意見も書きこみ、話し合った。

「働かないからお金がないんだと思う」

「働かないんじゃなくて、働けないんじゃないか」

「家族はいるんじゃないか？」

「いる人も、いない人もいるでしょう。でもいない人が多いと思う」

「私も、○番の人と同じで、こわいと思う」

「そんなふうに決めつけるのはひどいと思う」

「ぼくも、やさしい人もいると思う」

「特別な事情があるんじゃないか」

「つい自分より下に見てしまう」

「見た目で考えるのはおかしい」

たくさんの意見が交わされ、その中で「自分たちはホームレスの人のことをよく知らないのではないか」という疑問も出された。

そこで、『「ホームレス」と出会う子どもたち』（「ホームレス問題の授業づくり全国ネット」製作）というDVDをいっしょに視聴した。

「子ども夜まわり」の様子、参加する子どもたちの変化、ホームレス生活を送る人の仕事や生活、その思いに迫るDVDである。
●ホームレスの人はとても孤独だと思う。色々な人から嫌なことを言われたり、暴力をふるわれたりして。そんな中で、夜回りをする子どもがやさしく楽しそうに接してくれる。ホームレスの人は、子ども達と語っている時は、みんな笑顔だった。ホームレスの人は、ぼく達が挑発的な態度でいるから恐い顔をしているんだなと思った。
●ホームレスの人でもふつうに働いてる人よりものすごく仕事を頑張ってるように見えた。笑ってる人もいた。みんな笑えないのかと思ってた。全然こわくなかった。テレビを見るまえは、こわそーと思ってたけど、いんしょうがかわった。子どもにおにぎりとかみそしるとかもらったら、すごいうれしいと思う。

さらに、『今日、ホームレスになった』(彩図社)という本の一部を読み聞かせ、「ホームレスが被害者になった事件」の記録をまとめたものを印刷して配った。

教室には緊張が走り、子どもたちの認識が、見方が、考え方が少しずつ変わっていくのがわかった。

●先生の話を聴いたりして思った。自分もいつホームレスになってもおかしくないということを。ヘッドハンティングをされるような人もホームレスに。この授業をやる前は、ホームレスの人にとてもひどいことを書いたり言ったりしていた。でもこの授業をやってから、ホームレスの人の見方が変わった。

●初めは、ホームレスの人はきたないとか、いやだとか思っていたけど、みんなで色々な意見を言ったりDVDを見たりして、自分が気づかないうちに憲法に反していたのだと気づきました。このように、日本では法の下に平等なはずなのに、仕事の立場や今回のホームレスの件などで守られていないので、絶対に守り、不幸な人が一人もいないようにしたいです。

ところで、「ホームレスの人のことをどう思いますか」という質問に、多くの子たちがメディアからの情報をもとにイメージしたことや、たまたま出会った時の(先入観に基く)恐怖体験などをつづっていた中で、イブキの書いたものだけが異質だった。

「耳がとおい。いろんなはなしをしてくれる。オレたちがつくったひみつきちに、すんでいた」

すべて匿名であるにもかかわらず、「これはイブキだな」と誰もがすぐに気づいた。「あっ、これはオレ」とイブキもうれしそうに言った。

「イブキはホームレスの人と話したことがあるんだ」

「そりゃ、あるよ。だって秘密基地に住んでたんだもん」

「どんな話したの？」

「よくわかんね。おぼえてないっつうか。でもなんかいろんな話してくれるよ、あのおじさん」

イブキにとってのみ、「ホームレスの人」はイメージではなく「あのおじさん」だった。そして、この学びを通して、実は子どもたちは「イブキの見解」に少しずつ近づいていっていたのだ。

いろんな人がいるからこそ、学びは広まり、深まる。広まり、深まるとは、「いろんな人」がおかされてはならない権利をもって、そこに「いる」という事実に迫ることでもある。「いろんな人」の一人として、「いろんな人」とともにどう生きていくのか、イブキとともに学んだ一年間だった。

果てない波は止まらなくとも

1．二年生の頃のゆーくん

出会いは、ゆーくんが二年生の時。私は異動してきたばかりで四年の担任だった。朝会や集会のとき、体育館の入り口付近で「溶けた」ように寝そべっていたのが、ゆーくん。声をかけても何の反応もない。視線も合わない。

「どうしちゃったの、この子?」と、周囲の教師に聞くと、

「一年の時はまだ少し表情があったんだけどねぇ。二年になってからこんな感じ。でも、授業中はもっと大変で……」とのことだった。

ふらふらと歩きまわる。奇声を発する（でも意味のあることばはほとんど話さない）。体育の授業にはまったく参加しない。入学してから歌をうたったことは一度もない。友だちの物を取る。教室を出てどこかへ行ってしまう。棒を振り回して教室のドアガラスを割ってしまったこともあった。

ゆーくんのことが気になってはいたが、自分のクラスにも、キレて大騒ぎの子など、いろいろいた。異動してきたばかりの学校で、とまどうことも多く、さらに学年教師の中に大きな問題を抱えた人（四〇代男性）がいて、頭を悩ますことも多かった。学年は四クラスだが、行事や授業計画はすべて三人の教師で構想して進める、と決めて、「三人で回す」という状態に慣れてきた頃、またゆーくんのことが気になりだした。

同じクラスのエイタと二人で、時に同調する子も含めて数人で、授業中に学校じゅうを走り回るようになっていたのだ。廊下や教材室などで行きあって、「ゆーくん」と声をかけてももちろん返事はない。「ゆーくん、行こうぜ！」というエイタの声かけで、無言で走り去っていくだけ。教室では、ふらふらと立ち歩いて授業には参加しない。ことばを発することはほとんどなく、担任の「指導」はまったく無視という状態で、二年生を終えた。

二年生の終わり頃、ゆーくんのクラスのタカキが交通事故にあった。下校時に車道に飛び出し、バスの側面に激突したのだ。大腿骨骨折という大ケガだった。これが後に「事件」となる。タカキの父親が、「ゆーくんとその親に賠償を求める」「裁判を起こす」と言い始めたのだ。

タカキは、ゆーくんに追いかけられて車道に飛び出した。日常的にゆーくんからいやがらせを受けていた。そもそもゆーくんのような子が普通のクラスにいるのがおかしい。署名を集めてゆーくんを転校させる。学校の責任も重い。……これらが、タカキの父親（母親は外国から来た方でことばによるコミュニケーションがじゅうぶんにとれるとは言えない）の言い分だった。

怒りは激しく、病院に見舞いに行ったゆーくんの両親に「帰れ！」とどなりつけたり、街なかで会っても大きな声を上げたり。校長室に話をしに来て、校長の対応に不満だった時には、職員室の入り口から中の職員たちに、「あなた方の校長は、不誠実だ！」などと、大きな声で不満をぶちまけた。

2. ゆーくんのいる教室

半月後に三年生を迎えたゆーくんを、私が担任することになった。タカキとは当然違うクラスになったが、そればかりでなく校舎内で二人の両親が顔を合わせることがないよう、きょうだいの教室の階やら授業参観の日程までも配慮した末の学級編制であり、担任の決定であった。

最初の名簿順の班で、ゆーくんの席は窓を背にした位置になった。そこにじっと座っている。少し首をかしげて、黙って座っている。

学級びらきでは、班ごとに前に出て来て自己紹介をしてもらう。ゆーくんは出て来ない。でも、まわりの子たちに促すと、代わりに紹介してくれた。そういうものだ、とゆーくんに関して認識している様子。

「太田優人さんです。外で遊ぶのが好きです」

授業中もね、と笑う声もあったが、そこに排除の匂いはしなかった。

「ゆーくん、この筆箱、いいね」「今日はいい天気だねぇ」「朝、何食べてきた?」「昨日、あっくん(弟)とけんかしなかった?」「ハサミ持ってる? 貸してくれる?」……他愛もないことを話しかけ続けたが、反応はない。ただ、ハサミは黙って貸してくれた。「ありがとう」と言うと、ただ横を向く。

なるべく校庭や屋上に行く機会を多くして、ゆーくんの動きを見ていると、何となくついてきて一人でぼんやりしている。ジャングルジムや屋上の柵の土台に乗ったりしている。休み時間になると、女の子たちが何人もゆーくんの机の周りに来て、いっしょに折り紙を折ったりしている。ゆーくんてどんな子か知りたい、という思いで。

静かだ。嵐の前の静けさ……のような気がしていた。

3．ゆーくんの母親・ゆう子さんと

ゆう子さんとの出会いは、二年の終わり。事故をめぐってタカキとゆーくんの両親が校長・教頭を交えて校長室で話し合いをしていた時のこと。指導要録を取りに校長室に入った時、ゆう子さんと目が合った。うつろだった。相当弱っていることがひと目で分かった。帰り際にまた玄関で会った。タカキの両親が近くにいたから声はかけられなかったが、「大丈夫。あなたの辛さ、わかります」という思いをまなざしで伝えたつもりだった。

ゆーくんを担任することが決まると、すぐに面談の機会をもった。新しい環境になじむことが難しいゆーくんを連れて、始業式の前日に靴箱や教室の位置を確認したときにも、たくさん話した。

それから数年、私たちは今も対話を続けている。ゆーくんのことを知りたい、という思いがつきないのだ。

時期が前後する部分もあるが、私とゆう子さんとの対話の軌跡を記しておきたい。

実は私はしばらくの間、彼女の名前を「優子」さんだと思い込んでいた。ゆーくんの名前は「優人」。

「優人」の母親なんだから「優子」だろう、と。そんな間違いに気づかないほど（ゆう子さんも間違いを指摘してこないほど）、私たちは夢中で語り合っていた。後述するノートで、メールで、電話で、対面で。

ゆーくんの生きづらさは、どういうもので、その程度はどのくらいで、何よりも、それはどこから来ているのか。気づいたこと、わかったこと、ヒントになるかもしれないゆーくんの言動、これまでの育ちの中で起きたこと、こんなふうに分析してみたということ……とにかく夢中で語り合った。

ゆう子さんの体験やその時の思いもたくさん聴いた。

六年間の不妊治療の末に、ゆーくんは生まれた。ずっと夢見ていた、我が子と二人で過ごす幸せな日々とはまるで似つかない、苦しい日常が訪れた。ママ友たちと話せば話すほど、「うちは違う」と落胆した。何もことばを発しない三才のゆーくんを自転車に乗せて走っていた時、ふいに涙が止まらなくなった（これらの話を聴いたのは、担任してから数ヶ月後のことだ）。

療育センターに通い、幼稚園ではたくさんの配慮を受けた。一年生の時の担任の勧めで通級指導教室にも通い始めた。でも、まだ分からないことだらけ。この子はどうして……の思いをずっと抱え続けている。

ゆーくんの父親は、「どうして」は共有しているが、「対策」には足踏みする。将来によくない影響が出るのではないか、と検査を受けさせることへの同意が取れない。

最初の懇談会で、ゆう子さんは、「発達に特性のある子で、コミュニケーションがうまくできません。ほかにもいろいろ問題を起こすと思いますが、どうぞよろしくお願いします」とあいさつした。私も勧めたが、ゆう子さん自身もぜひそうしたいと考えてのことだった。

父親の反対で足踏みしてる場合じゃない、もう内緒でいいから検査を受けさせます、とゆう子さんが決断したのは、五月。七月にはＷＩＳＣⅢを受けさせた。「知識」「単語」は極端に低く五才程度かそれ以下。「理解」は測定不能（何も答えず）。一方で「積木模様」は一五才、というガタガタのグラフで表された検査結果をもって、ゆう子さんは、「これじゃ苦しいはず……」と報告に来た。検査結果はひとつの指針とはなった。それでも、まだわからないことだらけ、という状況に変わりはなかった。

私たちは、ゆーくんという「よくわからない」子を真ん中に、ゆーくんのことだけでなく、学校のあり方、発達障がいをめぐる施策や教育環境について、ずっと語り合ってきた。ともに学び合ってきた。

4．キテレツの始まり

集会や朝会に参加しないことはわかっていたが、体育館の片隅で寝転がってダンゴ虫をいじっている姿には改めて衝撃を受けた。「ダンゴ虫、好きなのねぇ」と言う校長にあきれた。そういうことじゃない、と何度も伝えてあったのに……（校長は終始この調子で最後までゆーくんを理解できなかった）。

集会を何のためにやるのか分からない。「みんなでうたう」の意味もわからない。納得していないこと（そして好きじゃないこと）はやりたくない。意味の分からないことをやっている自分が恥ずかしい。そういうことなのかな、と分析してみる。同時に、「逆にほかの子たちは『意味』が分かっているのだろうか。納得しているのだろうか」という疑問も生まれてくる。

ある日、ゆーくんの席の後ろの窓に、何やら貼り付けられていることに気づいた。鉛筆のキャップ、牛乳パック、スティックのり、鉛筆、磁石など。よく見ると窓の外側に貼ってある。

「なんだこれ……」

もちろん答えない。「ゆーくんコレクション」と名付けて、成り行きを見守ることにした。コレクションはどんどん増えた。

「なんだろうねぇ」「どういう意味なんだ？」と、子どもたちと考え合うが、さっぱり分からない。ただ、「ことばなのかもしれない」という気はしていた。

ほとんど何も話さないゆーくん。ただコレクションが増えていく中で、一週間もたたないうちに少しずつ「奇行」が目立つようになってくる。

いきなりワークシートを丸めて投げる、テレビにぶら下がる、友だちの物を投げる、鉛筆の芯を折っては電動鉛筆削りで削る（これを延々やり続ける）、突然脚立を抱えて教室内を走り回る。トイレットペーパーやスズランテープを散乱させる。授業中の奇声も激しくなり、「ゆーくんの声に負けないように発言しなくちゃ聞こえない！」と、みんな大きな声になる。

気分は日によって、いや時間によっても大きく上下する。天候や気圧にも左右されるようだ。落ち着いている時にできることはたくさんある。絵も習字もうまい。運動神経もいい。リコーダーの上達もとてもはやかった。

「交通安全教室」に緊張しながら参加した後は、穴開けパンチにためた紙片と牛乳パックを大量に窓からばらまいた。耳鼻科検診は断固拒否。いつもと違うことは苦手なのだ。

給食の食缶やマジックの入った段ボール箱、オルガンの椅子などいろいろな物をとなりの教室（三組）に運び込む、ということもくり返した。でも、反対側の一組の教室には一切行かない。

「なんでだと思う？」と子どもたちに問う。

「たまたまじゃないの」

「仲良しがいるからかな」

「でも、いちばんの仲良しのエイタは一組だよ」

「あっ、わかった。佐藤先生にかまってもらいたいのかも」

「ああ、確かに。ゆーくん、佐藤先生のこと好きだと思う。突っついたりしてたもん」

これは三組の担任へのアピールなのだな、と私たちは気づいた。好きな相手には、そんな形でアピールをするのだという発見は、「ちょっかいを出されがち」の子たちにとっても大きな意味のある発見だった。

5．友だち

ゆーくんは、実は人と関わることが好きで、奇行は関わるためという意味もある、関われるとうれしくてはしゃぎすぎて失敗する。そんなことを、四月の間に私と子どもたちは知った。ゆーくんについて語り合っているうちに、興味津々で「ゆーくんと友だちになりたい」と言い始めたのは、二年の時に「怒られ大将」だったショウだ。

五月の初めに作った初めての「自分たちでメンバーを決める」班。母親どうしがママ友で小さい頃からゆーくんを知っていたミノリ、去年いっしょのクラスで「奇行のゆーくん」に慣れているモモとサヤ、「似たような弟がいるからこういうの慣れてる！」というアカネがいっしょの班になった。

さらに、ショウ。二年の時に「落ち着きがない」という理由で怒られまくっていたショウは、三年になるとゆーくんに圧倒され、気圧され、なんだか落ち着いてしまっていた。ゆーくんと同じ班になることができて「うれしいよー」と言いに来た。

ある日の休み時間。いつもひとりで過ごすか私のそばで小さないたずらをしていたゆーくんに、ショウが「将棋やろうぜ」と言った。耳をそばだてていたら、「いいよ」と小さな声が聞こえた。「えっ、将棋やるの？」……私だけではない、「フツーのこと」をするとみんな驚いて寄ってくる。大勢に囲まれて、ショウとゆーくんの将棋が始まった。思わず「休み時間一五分のばしまーす！」と宣言して、見守った。ゆーくん、強い。

この日は「将棋記念日」となった。

ショウと競い合うことをおもしろがって、算数の時間には計算問題に夢中になって取り組んだりもした。

五月八日、休み時間に班のメンバーで「かくれおに」をした。ゆーくんにとって三年になって初めての外遊びだ。「外遊び記念日」となった。この日から外遊びが続く。

水にはまったり、トイレットペーパーにはまったり、絵の具にはまったり、そのたびにそこらじゅうにまき散らし状態になるが、アカネやモモを先頭に班の「友だち」がわっせわっせと働いて、あっという間に「原状回復」する。「なんてえらいんだ……」と感心してみせると、「だっておもしろいもん」との返事がかえってくる。

「元に戻すのがおもしろいの？」と聞くと、

「それもあるけど、ゆーくんそのものがおもしろい」と。

そうかぁ、おもしろいんだ、自分だってやってみたいんだ、子どもってそうだよね、と気づく。ゆーくんの奇行に、いちいち「投げないの！」「ばらまかないで。後が大変なんだから……」「それ持って行かないで！」と、むなしい注意をくり返すことが増えていた私は、はっとし、大いに反省させられた。

トイレの水をあふれさせたり、授業中に叫んだりしながらも、班の「友だち」とはいつも休み時間に遊ぶようになった。ショウの苗字をもじって、「バナナー、バナナショウ！」と叫んでは大笑いしたりしている。

カメラ（だけでなく機械一般）が大好きということが分かり、教室に子ども用のデジカメを持ち込むとさっそくはまり、たくさん撮っている。後から見ると、そこにはショウ、アカネ、モモら「友だち」の笑顔がたくさん写っていた。

6．洗えば済むこと！

ある日、中休みが終わり、アカネが大事にしていた鉛筆キャップがなくなっていることに気づいた。

「誰か知らない？」と聞き、みんなで教室じゅうをさがし始める。

「外かなぁ」とゆーくんがつぶやく。きっとゆーくんだろうなぁ。どこかのタイミングでゆーくんが何か言うだろうと思っていたら、予想通り。

「外かぁ。そうかもね。ゆーくん、どの辺だと思う？」と聞くと、少し笑いそうな顔をしながら「埋めた」現場まで連れて行ってくれる。ショウが掘り出し、

「ゆーくん、自分で埋めただろッ。だめだよ。キャップ、泥だらけになっちゃって、アカネがかわいそうだろ……」と言っている時、アカネがそれをさえぎった。

「いや、別にいいよ。洗えば済むことじゃん。ゆーくん、埋めた場所教えてくれてありがとう！」

まいった。そんな思いで私とショウは顔を見合わせていた。

ゆーくんは、食べるの大好きで、友だちと会話（と言ってもほとんど単語だが）もできるので、給食時間にはテンションが上がり過ぎてしまうことがある。

それぞれの班から会話と笑い声が響いてくるのを聞きながら、私も会話に交じって笑っていたとき……ふと見ると、ゆーくんがスープの食缶を持ち上げて直接飲もうとしていた。私は思わず

「あーーーッ！」と大声を上げてしまったが、「もう誰もおかわりしないから別にいいよ」と誰かが静かに言った。ショウだった。ショウは学んでいたのだ。

また別の日。ナポリタンのおかわりをしたい子が「お玉がない……」と言い出した。廊下で、ゆーくんが先割れお玉に絡みついたナポリタンを食べていた。

「ゆーくん、それはだめだ。ほかの子がおかわりできなくなって……」

と私が説教を始めているところにやってきたアカネは、お玉を奪い取るようにして流しに向かいながら、言った。

「洗えば済むこと！」

そうだった。私は学び損ねていた。恥ずかしくなった。ゆーくんは「ひひッ」と笑った。「ゆーくんは笑うなー」と言いながら、おかしくなっていっしょに笑ってしまった。みんなで笑った。

しばらくして、休み時間に集会の準備などで私と子どもたちが一斉に教室からいなくなり、ゆーくんひとりになったことがあった。

教室に戻り、廊下から見た教室の様子に、思わず息を飲んだ。マジック、カルタ、トランプ、ウノ、クレヨン、色えんぴつなど、ロッカーに入れてあったクラスの共有の物（雨の日ボックスとマジックボックスの中身）が、机が空いている教室の中央に盛大にばらまかれていたのだ。大量の物で真ん中が少し盛り上がり、小山を築いているようでもあった。

「なんだこれ……」

「またはでにやったなぁ……」

「なんか……色がきれいだよね」

「楽しかっただろうなぁ、これやってる時……」

廊下から眺めながらつぶやいている子どもたちの声を聴いているうちに、私の気持ちも落ち着いてきた。

「よし、みんなで片付けちゃおう！」

言い終わらないうちに、わあーッと一斉に片付けにかかった。アカネとショウが指示を出して、役割分担をしている。一五分ほどでほぼ元通りになった。

カルタを集めていた班の子が、「カルタの箱、見つからないんだけど誰か知らない？」と聞くと、「あっちにあったような……」と、ゆーくん。ついていくと、教材室から見つけ（？）出してきた。思わず、「ゆーくん、ありがとう」と言う子。いやそれちょっと違うでしょ、と言いかけて、まいいか、と思う。すべて片付け終わって、「なんかすっきりしたねぇ」と言うと、

「マジックボックスも雨の日ボックスもちょっとぐちゃぐちゃになってきてたから、ちょうどよかったよね」とアカネ。

そうだね。片づければ済むことだよね。ようやく私も学ぶことができた。

7. たまぬけ

ゆーくんがおとなしい、ということがたまにある。見ると放心したような顔になっている。何を言っても、友だちがふざけてみても、反応しない。

「タマシイが抜けちゃってるみたいだね」とミノリが言うので、その状態を「たまぬけ」と命名した。

「先生～、ゆーくん、たまぬけになってまーす」

「静かでいいからほっとこう」と、そんな感じで使った。

後に「たまぬけ」には、違うバージョンもあることを発見した。異様にハイテンションになっている時だ。ビニール袋をばらまき、水をたっぷりふくませたぞうきんを大量に廊下に並べ、牛乳パックを窓から投げ、パソコンの通気孔に針金をつっこみ……こういうことを忙しそうに次から次へとやっている時、やはり声をかけても反応はない。「激しい方のたまぬけ」も、ほっとくしかないということを、私たちは学んでいった。

名前ができるとほっとした。他のクラス、他の学年の子どもたち、教師たちが、「ゆーくんが大変です！」と言いに来ても、

「ゆーくん、忙しそうだねぇ。いまは激しい方の『たまぬけ』なんだね」と言って、

「しばらく待とうか」と、私たちは落ち着いていることができた。

8. しゃべるゆーくん

デジカメにはゆーくんが見ていたものがたくさん写っていた。それなら……と思いついて教室に持ち込んだのは、ICレコーダー。さっそく興味津津なので使い方を教えた。嬉々として、大好きな場所であるルーフデッキに走って行くゆーくんを見ながら、「なに録音してるのか、楽しみだね」とショウたちと笑い合った。

友だちができてから、ゆーくんの発語は急速に増えていた。「まじか」というショウの口癖をさかんに真似したり、「出てけ」「やめろー」など、日頃父親から言われていることば（ゆう子さんからそう聞いた）もよく口にした。でも、語彙は相変わらず少なく、センテンスはいたって短かった。よくそれで会話になるなぁ、と感心するほどだった。

さて、放課後、ゆーくんが残していったICレコーダーを再生して、仰天した。ゆーくんが、ひとりでしゃべっていた。

「あーあ、なんだよこのナントカ生活。学校はやだなぁ。四年生になっても五年生になっても六年生になっても、学校はやだなぁ。さよーならー、学校」

なんだこれ！ なんだこの長いセンテンス！ どういうことだ！ 「しゃべるゆーくん」に夢で会ったことがあったが、現実になったたってことか？

すぐにゆう子さんに連絡して、父親ともいっしょに、三人で聴いた。

「ナントカ生活のところが聴き取れないんだけど、シュウキョウかなぁ。何か宗教やってます？」

「いやいや、やってません。勉強かなぁ」

「いや『ベンキョウ生活』というほどやってないし……。いや、それよりこの長いセンテンス！　家ではこのくらい話すことは……」

「ありません。家でもほぼ単語生活です」

どういうことだか謎だったが、ゆーくんは実はしゃべっている、内言ではこのくらい長くしゃべることができる、ということと、やりたい放題で楽しそうな学校生活だけど、「さよーならー」したいんだということを理解した。

大きな驚きと、うれしさと、切なさをおぼえたできごとだった。

9．オレンジノート

「二年生の終わりにあの事件があって、初めて優人の学校生活が大変なことになっていたと知ったんです。学校であったことはなるべく伝えてほしいと思っています」というゆう子さんに、私も全面的に同意した。あまさず伝えたい、と。

オレンジの表紙のノートに一日のできごとを書いて渡すようになったのは、四月一九日から。ゆーくんは当初、何の疑問もない様子で、毎朝私にオレンジノートを渡し、帰りはランドセルに入れていたが、「なんでオレのことだけ書くんだよ」（内言）と疑問を持ち始めると、様々な抵抗を試みた。

「五月〇日　一時間目　算数　いい子にしてました。二時間目　国語　ちょっとわるい子でした。三時間目　音楽　とってもわるい子でした。四時間目……」と、特徴のある金釘流の文字で書いてあるのを見つけた時には笑ってしまった。自分で書いちゃおうと思ったらしい。

家に忘れてきた、と言えばすぐさまランドセルと机を捜索してくれるのはアカネたち。「ほんとにない！」と言われたらすぐさまゆう子さんにメール。「忘れ物届けにきましたぁ」というゆう子さんに、ゆーくんは「チッ」と舌打ち。私に渡す前に「このページは片付けなくちゃ」と言って、ゆう子さんが書いたページをのりで貼ろうとしたこともあった。これは寸前で阻止した。

「学校に忘れてきたと言ってる」とゆう子さんからメールが来たら、机から見つけ出して届けに行く。家にも学校にもないことが判明した時は、二人で通学路を双方からたどった。うどん屋の前の曲がり角に置いてあったノートを発見したのは、私。「ありましたー！」と通りの向こうのゆう子さんに報告して、笑い合った。万策尽きてあきらめたように、ゆーくんはそれからはまたノートを毎日運ぶようになった。

ある朝、教室に行くと表紙に書いてあった「№2」の文字が「№20」になっているオレンジノートが私の机の上にあった。「なんだこれー！」と驚くと、「ひひッ」とうれしそうに笑う。

また別の朝には、オレンジノートが二冊（それもどちらも表紙に「№20」と書かれている）が並べて置いてあった。「うわッ、オレンジノートが二冊あるー！」と声を上げると、ゆーくんはもっとうれしそうに「わははーッ」と笑った。

オレンジノートに書かれた内容は、いま読み返してみても「すさまじい……」と思えるほどだ。

「給食時間は楽しそうでしたが、食べ終わると廊下でワゴンに乗って疾走。廊下にかけてあった体操着袋を次々に教室に投げ入れ、そのひとつがゆみさんのカレーシチューの中へ……」

「つなひき練習（ストレス感じたようです）のあと、養生テープを盛大に使っていたずらし始め、みんなの防災頭巾を投げまくり、止めようとしたショウとレンをほうきでぶったり、髪をひっぱったり……」

「朝会に行くとき、ひもに何かしばりつけて引きずって来ました。それがハルナの夏休みの作品の『かご』と分かり、ショウがゆーくんをつかまえ、私が作品を預かりました。朝会から帰ると木のスタンプケースとかマイの体操着袋とか、いろいろひもにつけて引きずったり振り回したり……」

毎日毎日こんな報告をノートで読んで、気が滅入ったりしないものか、と心配になってゆう子さんに尋ねたことがあった。

「いやもう、何をやってるかつぶさに分かるので、毎日ノートを読むのが楽しみで。うれしい、とありがたいしかないです」とゆう子さん。

実を言うと、私もノートを書くことで大きな安心感を得ていた。こんな大変な日常（子どもたちはそうは思っていなかったが）のことを共有してくれる大人がいるという事実は、大いに励みになり、「ひとりじゃない」と思わずつぶやいたこともあったほどだ。また、書くことで少しずつ見えてくることもあった。次の記述は、六月二七日に私が書いたものだ。

《ゆーくんの行動パターン（ここまででわかってきたこと）》
①親しい子、好きな子とじゃれあう↓うれしい気持ちでだんだんエスカレートする↓やりすぎる。
②興味をひかれるモノに出会い、それをいじる（見たり分解したり）ことをやめられなくなる。
③まわりの子の関心をひきたい、驚かせたい（驚きや困惑の顔を見たいのかな）という気持ちから奇行をする。反応がなければ早々にやめられるが、反応があるとエスカレートしていく。
④①〜③の行動を止められたり注意されたりすると「怒り」の感情がわき、乱暴な行動に出る。
⑤ほめられると「うれしい」という気持ちもあり、がんばったり人に見せたりする（体育、図工、リコーダー、計算）。
⑥「いいこと」をすることに照れがあり、少しずらす（「自分で片付ける」のだけれども、ちょっと違うところに置く、とか）。
⑦伝えたいことをことばにできず、伝わらないことにいらだつ。「目で訴える」（昨日の「頭かゆい」とか）「態度で訴える」（今日の体育の時の「もうゴールマンはやりたくない」を伝えたかった投げやりな態度とか）で伝わらないと行動が荒れていく。

オレンジノートはゆう子さんと私（時に父親）にとっての「学びの場」だったのだとふり返っている。ノートをもとに、校内の児童指導報告会でも報告したし、後に、学年が上がって担任が替わるときには、四冊のノートのコピーを新しい担任に渡した。学校の職員たちにとっても、ノートは学びの場となったはずだ。

10．たくさんの記念日

五月の運動会の練習では、練習に参加することが困難だった（ゆーくんにすれば運動会自体が理解できない）が、でもその分すったもんだの末に私と周囲の子のゆーくん理解は進んだ。そんな中で、それまで一切参加しなかった体育の授業に参加するようになった。

マット運動をやっていた時のことだ。ふざけてマットの下にもぐりこんでいるゆーくんの、その「ふざけ」を大いに笑った。「みんなー、ゆーくんおもしろいよー」と子どもたちを集めてみんなで笑ったりもした。そんな中で、「ブリッジできる人いる？」という私の問いかけに、「できるよ」とやって見せている子どもたちとは別に、体育館のすみっこの方でこっそりやっているゆーくんを発見したのだ。「ゆーくん、すごい！」と言って、また子どもたちを集めた。その日からゆーくんは体育に参加するようになった。「ふざけ」で笑いを取って、参加しやすくなったに違いない。「体育参加記念日」だ。

言べん（ごんべん）の漢字を集めてくる、という宿題をゆーくんがやってきた日があった。オレンジノートで知っていたので、「黒板に書いてよ」と言うと、数人の子にまじって小さく小さく書いている。みんな息を飲んだ。「ゆーくんが黒板に書いてる……」と誰かが小声で言うと、ほかの誰かが「しーーッ」と言う。「黒板記念日」となった。

休み時間に女の子たちとトランプの「スピード」をやり始めた日があった。「えっ、スピードできるの？」と何人も寄ってきて、ゆーくんの「速さ」にびっくりした。「スピード記念日」だ。

七月、英語の時間。胸にローマ字で書いた名札を貼ることになっていた。「YU－KUN」と私が書いた名札を貼ると、黙って破り捨てた。なぜ破られたのか、その時はわからずにいた。

もう「ゆーくん」と呼ばれたくない、そんなかわいらしい呼び方はいやだ、といった意味のことをゆーくんがゆう子さんに伝えたのは、夏休みのことだった。

夏休み明け、「今日から『優人』です」と子どもたちに伝えた。「優人記念日」だ。ゆーくんが優人になっても、その行動パターンは、基本的には変わらない。ただ、つながってきたのだ。いろいろなことが。そして、読みとることのできる人は、周囲に確実に増えつつあった。

11．果てない波は止まらなくとも

機械が大好きなら機械を通じてつながろう、と小さなドライバーを渡した。ついでに学年の先生たちから提供してもらった「分解してもいい小物機械」のいくつかも。ドライバーを使って私のデジカメカバーを教室のドアに取り付けた時には、大いに驚いたし、笑った。

「優人、これはやってもいい方のいたずらだよ」と言って。

ハンディークリーナーを分解して使えるように直した時にも、給食袋をかけるフックのねじを全部はずしてみんなを驚かせた時も、そう伝えた。

「やってもいい方のいたずら」は、次第にバリエーションを増やして、もう慣れっこになった私たちにも、また新鮮な笑いを届けてくれた。

一〇月の授業参観の日、優人はこんなことを書いた紙をとなりのクラスの子の靴箱に入れた。

「あなたは、きょうさいこうなわるいことをしました。あしたからがっこうにこないでください」

その子の母親が見つけ、その紙を見せられた担任が優人の字だと気づき、私のところに持ってきた。ゆう子さんもそこにいた。

「うわッ、やっちゃった。これはだめだよねぇ、先生……」

しばらく考えた後で、私は言った。

「これ、なんだかすごくない？　こんな長い文書けるんだ、ってちょっと驚きじゃない？」

「確かに。でも、この内容はだめでしょ」

「内容はやられた子は見てないし、お母さんも気にしてない（紙を入れられた子は、優人とは特につながりのない子で、標的を決めたのではなく適当に入れたのだろうと私たちは推測した）とのことだから、そこはセーフ。それより、ことばを使ったいたずらって初めてじゃない？　これはすごいことだよ。始まったんだよ。ことばのいたずらが。始まらないことには指導もできないからね」

「ああ、そういうふうに考えればいいんだぁ。大変な指導がまたひとつ増えたとも言えるけど……」

「それはそうだ。始まっちゃった、とも言える……。やれやれ、だね」

この日は「ことばのいたずら記念日」となった。

「で、あとひとつ、ここは重要なところだと思うんだけど、『わるいことをしたからがっこうにこないでください』って、これ、もしかして優人は、学校は『きてもいいところ』だと思ってるってことじゃないかな」

そうだ。優人はかつて「ゆーくん」だった頃、「さよーならー学校ー」と、ICレコーダーに吹き込んでいたのだ。あれから、学校は、優人にとって「どんなところ」になったのだろう。ゆう子さんに聞いてきてもらうことにした。その日のうちにゆう子さんからメールが来た。

「学校は、『おもしろいところ』だそうです」

それから後も、私たちの物語は続いた。

ちょっと変わった転入生が来て、その子の前で「フツー」を装おうとするあまり、小集会で思わず「はい」と手を挙げたこともあった。みんなびっくりした。「挙手記念日」だ。

二年の終わりに交通事故にあったタカキは、順調に快復していた。優人の転校を求める署名に応じる人はなく、「優人のせいではない」という弁護士の見解も効いたのか、父親の怒りはいつしか鎮まっていた。

二月。音楽委員会主催のビックコンサートに出演した。得意のリコーダーはどんどん上達してもうやる曲がないほどになった優人はアルトリコーダーを担当し、クラスのみんなで「ハナミズキ」を演奏した。二番はうたう、ということにした。

ぼくの我慢が　いつか実を結び
果てない波がちゃんと　止まりますように……

優人もうたった。また記念日が増えた。「みんなでうたった記念日」だ。
優人の果てない波は、止まらないかもしれない。でも、いっしょに揺られてくれる人に、これからもたくさん出会えたらいいね。そんな思いで聴いた。
ホールの向こうの方に、涙をぬぐうゆう子さんの姿が見えた。

しょげないでよBaby! 〜かっちゃんとの四年間〜

かっちゃんと視線を合わせるのは難しいことだった。いつも宙をさまよっているようなかっちゃんの目は何を見ているんだろう……私には最後までわからなかった。でも、かっちゃんが大好きだった。

かっちゃんは、おそらく一生ことばは出ないだろうと言われている、知的障がいを伴う自閉症で、特別支援学級のわかば級に在籍。三年生の担任になるとき、かっちゃんの交流級を受け持つことになった。

朝の会と帰りの会、給食、たまに体育と図工。かっちゃんが教室にいる時間は長くはなかったが、体をゆらしてふいに笑ったり、右手の四本の指を全部くわえて叫んだり、ジャンプしながら怒り続けたり、大泣きしたり……かっちゃんは何もしゃべらないけど、けっこう忙しそうで、存在感バツグンだった。

いつもわかば級の先生といっしょだったけど、四年になると一人でできることも増えた。

「もうじきかっちゃんがスキップしながら来るよ」と、レイとナギサ。かっちゃんの大ファンたちだ。

「いつもかっちゃん、かっちゃんて言ってるからね、家でもつい弟にかっちゃんって言っちゃうんだ」とレイは笑った。給食時間、かっちゃんはスキップしながら一人で教室に戻ってくるようになっていた。

朝の会が終わってわかば級に行くのも一人でできるようになった。そうだ、かっちゃんについでに「出欠カード」を保健室に持っていってもらおう。初めは「行ってらっしゃい」と言ってもなかなか教室を出ない。何度も言ってようやく出たけど今度は階段のあたりまで行って戻ってくる。また言い聞かせて「行ってらっしゃい」……これをくり返し、しばらくするとようやくかっちゃんは階段を降りはじめた。気づかれないようにそっとついていくと……何度も出欠カードを落としたり拾ったりしながら階段を降りていく。「不安だろうなぁ、がんばれー」と心の中で応援しながら見守った。一階に着くと、まっすぐ保健室に向かうかっちゃん。そして……駆け出すように保健室を出てきたのを見て、思わず駆け寄って抱きしめた。出欠カードは所定の棚にしっかりおさまっていた。「かっちゃん、やったぁ！えらいえらい！」……頭の中で「しょげないでよＢａｂｙ！」の歌が鳴り響いた。

ある日の帰りの会、「さようなら」をしようとみんなが立ち上がったところで「あっ、ごめん、もうひとつ連絡」とか「○○さん、ちょっと静かにして」とか、とにかく立ったままなかなか「さようなら」が言えなかった時、突如「さようなら！」とかっちゃんのどなり声が響いて、みんなでびっくりした。それは間違いなく「怒り」のこもった声だったが、かっちゃんから「意味のあることば」を聞いたのは初めてだった。「よっぽど帰りたかったんだね」と言いながらも、もっとかっちゃんの「ことば」を聞きたくて、誰かが「かつやー」ってかっちゃんの名前を叫んでみたけど、返ってきたのは「かちょかちょかちょ～！」だった。それが四年生の一一月。

五年も六年も、かっちゃんの交流級は私のクラスだった。

六年の春、「かっちゃんが自分の名前を言えるようになったらいいね」と、子どもたちと話していた。

七クラスもある大人数の学校なので、卒業式の「証書授与」では「呼名」をしない。自分で自分の名前を言って、証書を受け取る。「やざきかつや」ってかっちゃんが自分で言えたらどんなに感動的だろう。

一一月のある日、やんちゃのエイジが丸めた画用紙をかっちゃんに向けて「やざきかつや!」と言い、その画用紙をかっちゃんの口元にもっていくと、「やざきかつや!」……確かに、かっちゃんは言った。一瞬の静寂のあと、「わあ、やったぁ〜!」という子どもたちの歓声が教室じゅうに響いた。私は声も出なかった。ただただ涙があふれてきた。

それからかっちゃんは、誰かがことばを言ったあとに丸めた紙を口元にもっていくと、その誰かのことばを復唱する、という技を身につけた。

違うクラスになっていたレイやナギサのところにかっちゃんを連れて行った。「しっかり聞いてよ」と言ってから技を披露した。私が言ってからかっちゃんがくり返す。

「レイちゃん」「レイちゃん!」「ナギサちゃん」「ナギサちゃん!」

「わあっ!」……レイもナギサもおどろき、涙ぐんだ。

卒業式に向けて、「丸めた紙」を「マイク」に替えて何度も練習した。マイクにかみつこうとしたり、怒りのジャンプが出たりすることもあったが、エイジたちが根気よく教えて、何度もくり返していた。

卒業式を目前に控え、退職を前に最後の卒業式を迎える校長先生に、「かっちゃん、自分で名前言えるかもしれませんよ。特訓してるんです」と伝えておいた。自然教室でも修学旅行でも、いつもかっちゃんといっしょの部屋で寝てくれた校長先生だ。「いやぁ、そんなことが起こったら、ぼく泣いちゃうよ」と校長先生は言った。どうぞ泣かせられますように!　と祈った。

卒業式本番。かっちゃんはエイジといっしょにステージに上がった。スイッチを切ったマイクに向かってエイジが「やざきかつや」と言い、スイッチを入れたマイクをかっちゃんの口元に向ける。

「やざきかつや」

体育館じゅうにかっちゃんの声が響いた。卒業証書を校長先生に手渡す私の手は震えてしまった。校長先生の手も、「おめでとう、かっちゃん、おめでとう」という声も、震えていた。

「悪ガキ」たちとともに

Ⅰ．出会い――「むかつくんだよ、てめえは！」

始業式。五年一組の担任発表に歓声が上がる。昨年度受け持った元四年三組の子どもたちが跳び上がり、他の子どもたちもうれしそうな笑顔を私の方に向けている。そんな中で、無表情で突っ立っていたのが、友也、洋輔、大和の三人だ。

彼ら三人と、五年になって二組になった力也の四人。四年二組の四人組と言えば全校に知れ渡っていた。担任教師に反抗し、授業妨害や教室抜け出し、いじめをくり返していた。

前年三クラスだった学年が、五年になるときに人数減で四〇人の二クラスになった。四人組はボス的な存在と見られていた力也と他の三人に分けられ、私は三人の方を受け持つことになったのである。

学級びらきの時間、私が話し始めると、すぐに三人で私語を始めた。「ちょっと聞いてね」と穏やかに声をかけるとにこにこしてこちらを見るが、私語はやめない。教室の中の顔を見回し、くすくす笑いながら何やら話している。三人の様子に気づいた子どもたちの間に緊張が走るのが見てとれた。サッカー部や同じクラスでいじめられてきた子たちがいる。また直接知らなくても彼らのことを噂に聞いて恐れていた子たちがほとんどである。始業式のはずんだ雰囲気とはうって変わって、重苦しいムードに教室が包まれていくのが分かった。

好きな者どうしで作った第一次班。三人は当然いっしょになる。いちばん前に三人並んで座り、学級びらきの日と同じようにくすくす笑いとおしゃべりを続けている。それでも私はほとんど注意をしなかった。「注意をしても無駄だ」という直感があったのだ。

友也が「先生、オレのこと『トモヤ』って呼んでよ」と言ってきたのは四日目のことだった。私語を注意せず、何かというと笑顔で接してくる私を訝りながらも、友也はまずそんな形で親しもうとしてきた。元来は人懐こい子なのかもしれない。しかしその日、給食準備の時間に尚哉をこづいていた友也を見とがめ、「友也、いまなにしてたの？」と声をかけたとき、友也は形相が変わった。

「うるせえ！　なんにもしてねえよ。決めつけんじゃねえよ。むかつくんだよ！」

「決めつけてないよ。なにしてたの？　って聞いたんだよ」

「ふざけんなよ！　決めつけてるだろ。てめえに関係ねえんだよ！」

顔を真っ赤にして叫んでいる友也を見ながら、私の中では相反する二つの思いがめぐっていた。この子と対話のできる関係になるまでのみちすじをどう描いていくのか……わくわくするような思いと、そして憂鬱と。

その後、他の二人にも機会をみて注意をしてみたところ、洋輔は黙ってふてくされ、大和は「わかったよ！」とこちらの顔をにらみつけながら言うことがわかった。

明るく活気に満ちていた三月までの私のクラス。私的なつながりがどんどん広がり、学級は自治のちからを持ち始め、文化活動も豊かに展開していた。私は、高学年になった彼らと共にさらに豊かな少年期を作り出し、学級、学年、全校へと自治の世界を広げ、その中で文化創造の担い手となっていく彼らの姿を思い描いていた。

しかし、クラスの空気は重苦しい。くすくす笑い、ときに牙を剥き出す三人は、私の思いなど容易にはねつけてしまうだろう。でも、ここから始めなければならない。彼らの見せる現実こそ出発点だ。ここから出発して、新たな高学年像を描き直そう。ある意味で、それは「諦め」を受け入れることでもある。やっかいなのは自分を観念させることだった。「私の思い」からではなく、「彼らの思い」「彼らの現実」から出発するのだということを、その後も何度も自分に言い聞かせなければならなかった。

2.「励ます会」で

授業時間は三人の私語と私の声以外は音もなく緊張して静まりかえっている。休み時間、私の周りに集まってくると子どもたちは急に饒舌になる。そんな日が続いた。

三人を人一倍恐れていた佳織は、額の大きなほくろを嘲笑されて震え上がった。綾香は「そうじやってよ」と注意してしたたかに足を蹴られた。男の子たちも次々に暴力をふるわれたりからかわれたりしている。

そんな中で「励ます会」は始まった。その日被害を受けた佳織と綾香、それに由比、省吾、尚哉ら元三組のリーダーたち。拓ら元二組の何人か、他にリーダー候補と思われる子たち……一〇人余りを放課後の視聴覚室に集めた。

佳織と綾香のことを話し、なぜ三人はそんなひどいことをするのだろう、と問いかけた。四年のときから彼らのことを知っている子たちも、「なぜなのか」はわからない、「そんなこと考えたこともなかった」と言う。

「わけもなく人に意地悪する子なんかいるわけないいんだよ。いや、佳織や綾香にやられる訳があったっていう意味じゃなくて。そうしなくてはいられない何かがあるはず。先生はそれを友也たち自身やお母さんたちと話し合いながら見つけていこうと思ってる。みんなもそれを考えてみて。注意はしなくていい。朝の会でも言わなくていい。関わりたくない子は関わらなくていいよ。尚哉はちょっと無理だよねえ」

「そばに寄りたくない。恐いもん」

「うん、尚哉はとりあえずそれでいい。拓は？　前同じクラスだったし、話はできるよね」

佳織や綾香に「みんな味方だからね、心配しないで。またいやなことがあったらすぐに言って」と声をかけて励まし、同時に彼らに誰がどう関わっていけばいいのか相談した。

「励ます会」は、それから幾度となく開かれた。「先生、裕紀がやられた」と情報が入る。その日の休み時間や放課後には、こっそりと視聴覚室に集まる。

四年のとき、きつく注意をくり返していた担任に、ある時から反抗を始め、以後いっさい指導を受け入れなくなった彼らの様子を元同じクラスの子が語り、私が続ける。

「でしょでしょ。だから先生はさ、違うやり方でやってみようと思うの。まず『この先生の言うことなら聞くか』って彼らに思われなくちゃね。みんなも同じだと思うよ。ちょっと道のり長いかもしれないけど、そうだな、一学期の終わりくらいまでには何とかなるよ。それまでは、こうして励ましあってみんなでがんばろう」

その後、三人をとりまく人間関係の不安定さ、教師、友だちに対する不信感の奥深さ、その原因などが分かってくるのだが、その情報を共有しあうことで「励ます会」は彼らに対する理解を深め、また元気づいていった。

やがて学級のリーダー集団の中核を形成していくことになる「励ます会」が、三人をクラスに取り戻すために出した方針は、「友だちになる」だった。

3. 先生、話そう！

「先生、もしかして生理なの？」

トイレに行こうとすると、友也がついてきて耳元で囁く。

「ねえ先生、先週セックスした？」と聞いてきたのは洋輔。

彼らは下ネタをよく口にした。それは幼さからくるのか思春期的な性への関心なのか、それとも反応を見て楽しんでいるだけなのかつかみかねていたが、とりあえず私は、そんな彼らの猥雑さとつき合うことにした。それが彼らとつながるためのいちばんの近道だと思えた。彼らのにやにや・くすくす笑いの中身は下ネタと悪口である。どちらも抑圧されてきたからこそ隠微な笑いの中に閉じ込められているのだ。閉じ込められているものをそのままにして現実からのスタートはできない。

「ごめんねぇ。それはプライベートなことだからね、教えてあげられないんだよ」

まっすぐに目を見ながら答えると、「そうなのか」と意外とあっさりと納得する。

「ところでさ、いつも『○○はチン毛が生えてる』とか言って笑ってるけどさ、君たちはどうなの？」

「えーっ、オレたちは生えてないよぉ」

「そうか。それじゃね、生えてきたらちゃんと先生とお母さんに報告するんだよ」

「なんでだよ」

「だってそれは大人になったっていう証拠だからね、市役所に届けなくちゃならないんだよ」

「えっ……。ホント？」

だまされたと気づいた後は大笑い。ひっぱり出してしまえば、そこにあるのは実は健全な笑いである。性への関心も当然と言えば当然なのであった。

授業は相変わらず惨憺たるものであったが、休み時間になると私の周りに集まってくる子たちの先頭に、いつのまにか三人がいるようになった。「先生、話そう！」という顔をして。

教室で大騒ぎをしたり暴力事件を起こしたりしたときには、隣りの空き教室でじっくりと話を聴くことをくり返したが、そんなときにも彼らの態度からしだいに拒否的なものは薄らいでいった。

4.「四人組」の実態は……

四月半ば過ぎ、私は三人から意外な話を聴き出す。「四人組」と見られていた（私もそう思っていた）力也と彼らの関係は、実は力也を中心に「いじめ」を内包した「支配・被支配」関係のグループだったのである。大和が何気なく言った「力也ってちょっとね……」のことばをきっかけに、他の二人も堰を切ったように話し始めたその内容は衝撃的だった。

三人は代わる代わる力也と他の二人によって「はずされ」ていた。実は三人ともその関係の中で苦しんでいたのだが、互いの思いについて語り合うことはなかった。力也に対する不満を口にするとき、それは次の「はずし」につながることを意味した。彼らは「はずされ」ることへの恐怖から互いに裏切りを重ね、そのたびに深い失望と人間不信を募らせていた。グループの外の「弱い子」たちに対してくり返されたいじめは、結束のための手段であり、暴力の連鎖でもあった。それが「四人組」の実態だったのだ。

以来三人は、私に向かって力也に対する不満を言い募るようになった。それでも、休み時間になり力也が迎えに来ると、一瞬なごりおしそうにしながらも私の側を離れ、笑顔で力也についていく。いやなら行くな、と言いたいのは山々だが、「四人組」にしか居場所のない彼らにとって、それはできない相談だった。

力也は、暴力的な父のもとで母と共に息をひそめるように生活している子だった。父を恐れながらもその暴力性を自らの内面に取り込み、いつしか暴力でしか友だちとつながることができなくなっているようだった。

そんな力也の苦悩に気づき、共感し、救い出そうとする者に、彼はこれまで出会うことがなかった。それればかりか、大人たちは彼らの関係を生み出し、それを激化させていきさえしたのである。徹底した能力主義のサッカー部の指導体制しかり。彼らの関係に気づかず「四人組」とみなして、ただ注意と排除をくり返してきた「学校」の指導体制しかり。

だとすれば、一方の当事者である私自身もただ「いやなら行くな」と号令をかけているわけにはいかなかった。

二組の担任と相談し、まずクラスの中にそれぞれの居場所を作ろうということにした。誰よりも恐れられていた力也は、二組の中で友だちを作ることがなかなかできず、しばらくの間孤立していたが、担任の努力によってそれも少しずつ変化を見せ始めた。

一方、友也たちは、「励ます会」(それは当初友也たちから痛めつけられた子を「励ます」会であったのだが、しだいに友也たちをこそ「励ます」のだ、という共通の思いをもつようになっていた)の子たちを中心に、「四人組」以外にも少しずつ関わりをもてるようになっていた。そして、その関わりをテコに、ついに力也のもとから離れていく。それは、一学期も半ばを過ぎた頃のことだった。

5．紙上討論から討論会へ

私と三人との対話が日常的になり、「励ます会」と三人とのつながりが少しずつできていく過程にあっても、彼らの暴力的な言動や当番サボり、授業中の私語などは続いていた。当然、三人を恐れるムードもまだ教室を覆っていた。そんな中、口頭で何かを「話し合う」ことには無理があった。話し合うべき学級の日常的な問題は、すべてと言っていいほど彼ら三人に関わることであったのだが、それも彼らの前では持ち出せない。報復に対する恐れもあったが、それより、持ち出すことで学級全体が不穏なムードに包まれるのを子どもたちは嫌っていたのである。

そこで、日常的な問題は当面取り上げないことにした。それらをめぐってあえて彼らを向き合わせるよりも、横並びにして同じテーマについて考えさせることで、相互理解はすすむだろうと考えたのである。学級の世論形成のための場を、当初から多様な形で作っていくことの必要性も強く感じていた。

意見を交し合うテーマは新聞から拾ってきた。それについて個々が意見を書く。全員分の意見を匿名にして印刷し、子どもたちに配る。これは友也たちに対する配慮であった。四年のときに全校に名をはせ、露悪的にふるまうことで居場所を確保していた三人にとって、まともな意見表明などできない。彼らの「ワル」としてのプライドが許さないのである。

「なんでこんなひどいことするやつがいるんだ。殺された人はよく公園のそうじをしてたっていうから、いい人じゃないか。年も年だし。そんな人をなぐって殺すなんて……」

友也が匿名に守られて書いた「ホームレス殺人事件」についての意見である。互いの意見について同感、反論なども書く中で、「見えない相互理解」と「世論形成」はすすんでいった。もちろん、その中でリーダーたちは三人についての読み取りを深め、暴力的な言動の裏に隠された彼らの思いにシンパシーを覚え始めてもいた。

一学期の半ば頃、日常的な問題について意見交換を始めなければならない時期にきていることを、私とリーダーたちは感じていた。

授業の問題をとり上げることにした。これは結果として三人に要求をつきつけることになる。教室が不穏になることが予想された。それでも、彼ら自身が乗り越えるしかないという事態を直視、確認させる場面がどうしても必要なのだということを、確認しあった。

その時間を、私たちは大いに緊張しながら迎えた。

「楽しい授業にしたい。でもすぐばかにして笑う人がいる」

「四年のときはたくさん話し合ったのに……。いまは意見を言おうとしても冷やかされるから言えない」

「授業中に大声でしゃべっている人がいるから、わからなくなる」

そんな声は、三人を追いつめた。読み上げているとき、三人は教室を飛び出してしまった。インターホンで職員室にいる先生に迎えを頼み、「冷静に、自然に、そして毅然とした態度で迎えよう」と教室の子どもたちに話し、私たちは待った。

教室の前まで戻ってきた三人に、（わかりきったことだが）「どうして飛び出しちゃったの？」と聞くと、「だってみんなオレたちのこと言ってんじゃん。むかつくよ」と、大和がそっぽを向く。「きったねえよ。先生、教えてよ。どれを誰が書いたんだよ」と、友也。

いまの段階では匿名でしかあの意見は書けないこと、いずれ「これは私の意見です」と堂々とみんなが言える日がくること、それまでは匿名でもいいから意見を出し合おう、と話した。

「やだよ。オレは書かねえよ」と言いつつ、周囲ににらみをきかせながら、それでも彼らは教室に入り、机につっぷしたまま意見を書き始めた。

「黒板に書いてあることをノートに写すのがかったるい。意味ねえ」

「算数のときはわかるやつしか発言できないからつまんねえ」

「調べ学習とか勝手に決められるとむかつく」

書いたということは、認めたということとみなしていいだろう。私たちはその後そんなふうに分析した。そして、彼らの要求もまた授業についての大事な示唆を与えてくれている、ということを確認した。

それから、朝の会や帰りの会などで、三人に直接要求することが少しずつできるようになった。匿名紙上討論の役割は、ようやく終わりを迎えたようであった。

その後、新聞記事等を題材にした討論会が、六年になっても活発にくり広げられた。三人は、いつしかその討論の中の中心的な存在になっていた。

6．親たちとともに

友也の母が初めて学校に私を訪ねて来たのは、四月の半ば頃だった。家庭訪問を目前に控えていたが、「早いにこしたことはない」と、面談を求めて来た。

「先生、大変でしょ、うちの子」

実際、大変だった。私も、できるだけ早く親たちと話し合いたいと考えていた。

「家ではユーモアがあっておもしろい子なんですけどね」と、友也の母は話し始め、「学校でどんな様子なのか、とにかく事実をたくさん知りたい」と言う。私は初めわずかに躊躇しながらも、「友也はホントはどんな子なのか、私も知りたいと思っていたんです」と言って話し始めた。

友也の言動を具体的に伝えていくと、母の表情は曇った。それでも、「やっぱり相当大変ですね。私が思ってたより大変なんだってわかりました。先生、よろしくお願いします。できることは何でもしますから、いつでも連絡してください」と、自分を励ますように言った。でも、このことばで大いに励まされたのは、むしろ私の方であった。この母との出会いから、三人の子どもたちを見守る親（やがてそれは十数人の子どもたちと親たちになる）のネットワークが広がっていくのである。

三人は二年間同じクラスで、地域のサッカー部仲間でもあったが、親同士は面識があるという程度で親しくはなかった。私は友也の母に連絡し、四人で会う機会をつくってもらった。

初めは多少ぎこちなさもあった四人の会だったが、回を重ねるうちに打ち解けて、楽しい会になっていった。

「うちの子だけじゃなくてホントによかったワ。吉田さん、よくぞ洋輔をバカ息子に育ててくれた！」と、大和の母。

「ちょっと待ってよ。うちの子は高ちゃんちの子の影響で悪くなったんだからね。うちの子、誘わないでよね」と、これは洋輔の母。軽口もたくさん出るようになった。

「責任をなすりつけあってる場合じゃないなぁ。三人とももう十分悪ガキなんだから。担任の先生、苦労してるだろうなぁ……」と私が言えば、「あらやだ、親の苦労はもっとよねぇ」と友也の母。会はいつも笑いで包まれた。

私たちがこうした関係になれたのは、それぞれが子育ての苦悩や家族の問題を率直に語り、共に涙したり、対策を考え合ったり、励まし合ったりという経緯をたどってきたからである。

母親たちは、それぞれの夫を説得し、やがて私も含めた七人で「悪ガキ共の親の会」と称して会食をするようになった。

「言うこと聞かないガキは殴ってでも聞かせればいい」と言うのは、洋輔の父。

中堅企業の営業部長という役職にあり若い部下を大勢持っている友也の父は、「部下の教育」にひきつけながら、息子にどんなことを言って聞かせているかをとうとうと語る。

アパレル系の会社勤めをしている大和の父は寡黙な人で、しっかり者で仕切り屋の妻に家庭内のことはすべて任せているから……と、にこにこしながら会話を聞いている。

　となりのクラスの力也の母は、いつも夜遅く町中の公衆電話から私のところに電話をかけてきた。おびえたような声と口調は、暴力によって無力化された者の苦しさを物語っていた。私はしばらくの間、ただ「聴き取る」者としてしか彼女に関わることができなかった。

　その後、私たちは、さまざまなはたらきかけを経て、友也たちが抱えている大きな不安に気づくことができた。互いに仲間はずしや裏切りをくり返してきた彼らの「関係性崩壊の苦しさ」は、おそらく私たちが想像している以上のものなのだ、ということも知った。

　彼らに「人に対する信頼」をとり戻させるために、私たちはさまざまな試みをした。先に述べた会を何度ももったこともそのひとつだし、大和の母とは電話で、洋輔の家族とはファックスで、友也の家族とはノートを通じて情報交換をし合い、悩みや喜びを共有してきた。そして、多くの発見をし、学び合うことができた。

　洋輔の父は息子を殴らなくなったし、友也の父は会社の朝礼で息子の話をし、部下からのアドバイスにも耳を傾けるようになった。

　母親たちは、自分の子育てをふり返り、家族のありようを考え直した。姑との確執、夫婦の不和、経済的な問題、上の子のいじめ問題など、それぞれの家族の抱える問題はどれも深く、重いものだった。それらは、これまで決して語られることがなかった。語り合うことで、私たちは家族を追い込む様々な「仕組み」に気づき、その気づきによって勇気をもたらされた。

大人たちの固い結束と深い思い、そして学びは、子どもたちに変化をもたらし、同時に大人たちにもいろいろな意味で目を開かせてくれた。

7．保への謝罪

二学期、友也たちはすでに「三人組」ではなくなっていた。友也たちを含めた一〇人を越える男の子たちは、いくつかの私的グループに分かれ、それを何度も改変し、グループどうしの対立やグループ内での仲間はずしなどのトラブルをくり返していた。それは、友だちに対する根深い不信感を抱えこまされてしまった彼らにとって、避けられないことだったのかもしれない。しかしそれらのトラブルは、グループ内で話し合ったり、時に学級全体の課題としてみんなで話し合ったりしながら、ひとつひとつ乗り越えていくことができた。

保は、どのグループにも属していなかった。ひとりでいたというわけでもなく、似たような「所属なし」の子たちとつかず離れずのつきあいはしていた。その保に対する友也たちの執拗ないじめが表面化したのは、二学期末の頃だった。友也たちに半ば強要される形でいじめに加わっていたグループの子たちが、私のところに相談に来たのだ。話を聴いて、私は久しぶりに空き教室で三人と向き合った。

「むかつくんだよ、あいつは。あいつだけはどうしても許せない」と、口々に言う。

友也は三年のときに転校してきた。保はそのときに真っ先に声をかけてくれたが、じきに子分に話すような横柄な口のきき方で命令をするようになったのだと言う。洋輔は、幼稚園の頃にいじめられたことが忘れられないと言う。大和は、勉強ができることを鼻にかけて自慢するところが嫌いだ、と言う。

三人の話を聞きながら、「やられたことってなかなか忘れられないものなんだね。幼稚園のときのことまでか……。よっぽどいやな思いをしたんだね」と言うと、三人はうつむいた。

それから、つかんでいた情報の中から、保の二年生の妹に対するからかいといじめについて、聴きだした。一瞬、気まずそうな顔になりながら「だって妹もすんげえ生意気だしよ……」と言いかけた大和は、そこでことばを切り、それきり黙りこんだ。

沈黙の時間がしばらく流れた。

「謝る」と、最初に言ったのは友也だった。「でも先生、オレの悔しかった気持ちも言わせて。それ言わないと気持ちが残っちゃいそうだ……」

何を言うのかは自分たちで考えて決めればいいよ、と言って教室に戻った。

友也が口火を切った。涙ぐみながら三年のときのことから話し始めて、「でも、いじめというやり方は間違っていた。ごめんなさい」と謝った。大和と洋輔、そしていじめに加わっていた数人の男の子たちもそれに続いた。

保は途中から泣き始めたが、「謝ってくれてありがとう。ぼくはいままで自分のしたことについて謝ってこなかった。ぼくからも謝ります。ごめんなさい」と、震える声で言った。

8．学校をもっと楽しくしよう！

洋輔は、いつも登校時間に遅れてくる康雄を、二学期になってから毎朝迎えに行くようになった。終夜営業のスナックを経営する母と深夜徘徊をくり返す兄との三人家族の康雄をたたき起こして学校に連れてくることは思いの外大変だったようだが、洋輔は粘り強く康雄の家に通った。そしてある日、言った。

「先生、康雄を八時半までに学校に連れてくんの、無理だわ。先生が教室に来る時間までには何とか来るようになったけど……。そんでオレ考えたんだけどさ、朝自習ってなんであるわけ？　康雄にそんなもん必要か？」

洋輔の疑問は、私と子どもたちにいままで考えもしなかった「朝自習は必要か」という問題を考えさせてくれるきっかけになった。

「朝礼で歌をうたう、ってのやめてほしい。歌わないと怒られちゃうのも納得いかない」

この大和の疑問は学級の圧倒的な支持を得て、代表委員会の議題に乗せて、変えることができた。

ほかにも、「放課後自転車で学校に来てはいけない、という決まりはおかしい」「専科の理科の授業がわかりにくい」など、彼らは次々に「変革」を求める指摘をした。それらはひとつひとつ学級で慎重に論議されていった。

五年三学期末の学習発表会で、友也たちはオリジナルダンスを踊った。四年のとき、私の学級の子どもたちが踊ったダンスを冷ややかに眺め、野次をとばしていた彼らが、今度は自ら希望してダンスグループを作ったのだ。

「スタンド・バイ・ミー」という曲からそのダンスは始まる。その曲名がタイトルと主題歌になっている、悪ガキ連中が無謀な旅に出る映画のストーリーが彼らにぴったりで、私はなんだかうれしくなってしまった。

ポケモンたんけんたい！

小学校三年生。学区にはありとあらゆる店の並ぶ商店街がある。商品に囲まれ、情報に囲まれて生活している子どもたちが、「総合的な学習の時間」を使って、ポケモンについて調べたり討論したりしながら「メディアミックスによるマーケティング戦略」に迫っていった。

1．スグルが泣き出すまで

ユウヤは授業中にふらぁっと教室を出て行ってしまう。「二年のときも時々廊下で勉強したりしてたよ」と、周りの子どもたちは大して驚きもしない。四月の授業参観のときには、何を思ったか教壇でずっと逆立ちしていた。

ケントはおしゃべりが止まらない。「先生大好き〜」と何かにつけてベタベタとくっついてくるが、注意をすると「えっ、ぼくじゃないよ」と言い張って譲らない。ケンカも多いが、「絶対にぼくは悪くない」と言い続ける。「やられたらやり返せってお父さんが教えてくれた」というセリフを何度も言う。機嫌が悪くなると教室に入らなかったり、物を壊したりする。

エイジはブツブツとひとりごとを言い続ける。私が算数の計算問題を黒板に書いていると、いきなり「そんなにできるわけないだろ！」と大声で言って机の下にもぐりこみ、大泣きを始めてしまった。二時間泣き続けた。

なんだかわけわからないのが多いなぁ、今年も。と思いながらも、私はこの子たちとのおしゃべりを楽しんだ。

ユウヤは平和主義者で、教室に険しいムードが漂うと涙ぐむ。「ぼくはそういうのいやなんだ」とことばで言えるようになると、ユウヤの訴えは貴重なものになった。

ケントのユーモアは三年生とは思えないほど気がきいていて、私とのやりとりを子どもたちは楽しんで聞いていた。ケントがボケると私がつっこみ、私がボケると絶妙なタイミングでケントがつっこんでくれた。

エイジの思い込みとこだわりは、私と子どもたちにさまざまな視点を持たせてくれた。

スグルは「暴力マン」だった。二年生の時は、暴力的な関係で結ばれた（たいして「結ばれて」はいなかったことがあとからわかるのだが）男の子グループの中で上から二番目か三番目に位置していたらしい。三年になってボスとクラスが離れ、だんぜんはりきってナンバー1をねらうスグルは、暴力とどなり声でクラスの子どもたちを威圧し続けていた。多分に幼児性も残っているから、思い通りにならない時にも暴れる。友だちを殴ったり、物を投げたり、大声を出したり。

「もう～、またスグルといっしょのクラスなんて最悪。すぐぶつし、うるさいしさ」と言うアンナは、二年生の時に何度か「やめてよ」とボスやスグルに訴えては反撃を食らい、以後「あいつらは言ってもダメ。関わらない方がいい」と割り切っていた。それでも時々むかついてしまう。

スグルもアンナが苦手だ。何でもよくできて、まっとうなことを言う。先生に言いつける。何だかぼくのことばかにしてるみたいだから、と。

さて「暴力マン」をどうしたものか。まず話してみる。

「暴力で一等賞になっても誰もあなたを尊敬しないよ、心の中で『弱虫』って思うだけだよ。あなたの大好きなお母さんも『暴力マン』をやめてほしいって思ってるよ」

そう言うと、意外なほどあっさりと「じゃ、やめる」と言う。「お母さん」が効いたのかもしれない。

授業参観では、お母さんが来るまでずっと拗ね続けていたのだ。

もちろんあっさりとやめられるわけではない。それで、「暴力日記」をつけることにした。帰りの会が終わった後、スグルは毎日私の机のところにやってくる。

「さてと、今日のスグルは賢かったね。そうじの時間にどなりまくってたけどさ、誰もぶたなかったもんね」

「ぼくね、ほんとはぞうきんやりたかったんだけどね……」

「そうかぁ。それでどなったんだ。すごかったね、どなり声。『なんでてめえの勝手で決めるんだよ！ふざけんなてめえ！ ぶっ殺すぞこの野郎！』ってね。びんびん響いてたよ。スグルって声でかいね。でもぶたなかった。はい、今日はマル！ いいぞ、この調子」

アンナは班長のひとりとして、私のこの方針に対して「たぶんやめられないと思うよ」と冷たく言っていた。でも、本当にひとつずつ、昨日は五回だったけど今日は四回というように暴力の回数は減っていった。多少揺り戻しはあったが、あっという間に「暴力日記」は終了した。

もちろん、殴ったり蹴ったりしなくなっただけで、にらんだりどなったりは続いていた。「なんだよ！」と精一杯すごみをきかせながらわめく声の大きくてうるさいこと。アンナじゃなくてもこれはむかつく。私もむかついた。

ある日、「いまからどなるよ」と周囲の子にことわってから、「うるさい！　いい加減にしろ。いつまでわめいてんだ！」と、スグルに負けない大声でどなってみたら、「エ〜ン」と泣き出してしまった。赤ん坊のような泣き方だ。

班長会では、この「スグル赤ん坊泣き事件」を分析した。

アンナは、「スグルがあんな赤ん坊だとは思わなかった」と驚いていた。いつもの憎々しげな言い方とは明らかに違ってきていた。そして、「もっと泣かせよう」という私の提案に、今度はアンナも乗り気になってくれた。

さっそくスグルに話した。

「ねえ、先生いいこと考えたよ。スグルはぶたなくなったけど、まだくやしいことがあると大声でどなったりしちゃうじゃん。あれは言われる方もいやな気分だし、みんなもうるさくて迷惑だと思ってる。人に迷惑だと思われるのは残念なことでしょ。でもこの間スグルが泣いたときはね、みんなはちょっと違うふうに感じたんだよ。いやだなって思わなかったんだって。これからはさ、くやしいことがあったら泣けばいいよ。がまんしないで泣いていいよ」

それからスグルはよく泣くようになった。そしてよく同情された。理不尽な要求が通らなくて泣いているスグルに「悔しかったんだね。かわいそうに……」とやさしく声をかける子どもたちは、決して要求は受け入れないが同情だけはした。アンナも、声をかけるようになった。

2. わたしのおすすめ

一学期は落ち着かない日々が続いた。トラブルは毎時間、教室のあちらこちらで起きる。テレビカメラが教育番組の撮影のために教室に来た日にも、スグルは教室の中を走り回っていたし、ケントは機嫌をそこねて紙を細かく切ってはそこらじゅうに放り投げていた。それでも、「なぜトラブルは起こったか」「なぜあの子はそうしたか」ということを含めて、そうしたトラブルの読み解きを時間をかけて重ねていく中で、私と子どもたちは、また子どもたちどうしも、無数の出会いを体験したはずである。アンナが、彼女にとって意外であったスグルの一面を発見したように。

スグルとケントは、幼児的な側面を大いに残している反面、マスコミ文化に通じていて、ある意味では「物知り」でもあった。「昨日のこんなニュース知ってる?」と問いかけるとき、真っ先に「あっ、知ってる」と反応する子たちの中に、スグルとケントがいた。

スグルは映画もよく見ていた。授業では一五分と集中していられない子が一時間以上も画面を見ていられるということが不思議であったが、お母さんに聞くと、映画好きの親の影響で小さい頃からよく見ていたのだという。

夏休みを控えた七月、「わたしのおすすめ」という授業を行った。本、映画、ビデオ、テレビ番組など、何でもいいからこの夏休みにみんなにぜひ見てほしいな、と思う作品をポスターにして紹介しよう、という授業だ。『となりのトトロ』など、ジブリ作品の映画を紹介する子が多かった。ケントは『紅の豚』にいかに共感したか、長々と発表した。『赤毛のアン』などの名作を紹介したのは、絵も文章も上手な女の子たち。

スグル、ユウヤら数人の子たちは、ポケモン映画『ミュウツーの逆襲』を紹介した。感想は一様に

「悲しかった」と言う。

「ピカチュウが戦いたくないのに戦わなくちゃいけないところが悲しかった」

「サトシが戦いをやめさせようとして石になっちゃったところが悲しかった」

ユウヤは「かわいいピカチュウ」が大好き。この頃、「もうポケモンじゃないよ。今は遊戯王だよ」などと言っていたスグルも、映画には大いに感動したらしい。

3．ポケモンたんけんたい

二学期、ポケモンへの関心を学びにつなげていこうと考えた。

スグルたちは、「金銀バージョンっていつになったら出るんだろう」などと話していた。「金銀バージョン」がポケモンゲームソフトのことだということは、子どもたちから聞いてようやくわかった。ど

うも発売時期がのびのびになっているらしい。何のために、ということは察しがつくが、子どもたちにとっては謎なのだ。さらに、「青バージョンがなんでお店で売ってるのかも不思議なんだよ」と怒りの表情でスグルは言う。発売当初はマンガ雑誌『コロコロコミック』（小学館）を買った人だけに限定販売した青バージョンが、いまはどこのゲーム屋でも売っているのだそうだ。

一学期に社会で商店街調べをしたときには、本屋でいちばん売れてる本はポケモンの本であること、スーパーにはたくさんのポケモンキャラクターを使った商品があることなどを子どもたちは発見してきた。「そんなに人気があるのか」と驚いたのは私。

そこで、身の回りのポケモングッズなどについて調べたり、ポケモンの人気をさぐったりといった活動の中で、マーケティングや、メディアが作り出す「子ども文化」の仕組みについて知ることができるのではないか、と考えた。

まず、全員でポケモングッズ集めを行った。家にある物は持って来る。商店街やスーパーに行って、買える物は買い、買えない物は写真に撮ってくる。集めた物は、黒板の倍ほどの大きな商店街地図に貼り出して行く。

調べに行く前にみんなで予想をした。

「だいたいの店にあると思うよ」

「でもさ、お肉屋さんとか魚屋さんはないんじゃないの」

「あと自転車屋さんとかケーキ屋さんもないと思うなぁ」

商店街にはありとあらゆる店が揃っている。子どもたちは放課後の時間に班で集まって探し回った。

家にある物も続々集まってきた。またたく間に地図がポケモングッズで埋まっていく。様々な食品のパッケージ、文房具、映画のパンフレット、マスコット、本、シャツやパンツ、スリッパ、食器、人形焼き器、便座カバー……。

お肉屋さんにはポケモンソーセージがあり、ケーキ屋さんにはピカチュウケーキがあった。自転車屋さんでは、ピカチュウの模様の入ったカギを見つけた。

「なんでこんなにたくさんあるの？」

「売れるから」

「なんで売れるんだ？」

「かわいいから」

「そうかぁ。アンナもかわいいと思う？」

「私は別に思わないなぁ。ポケモンのアニメも見たことあるけど、どこがおもしろいんだかわかんなかったもん」

思った通りの回答。スグルが口をとがらせてアンナをにらんでいる。ケントはへらへらしながら言った。

「あれ、でもさぁ、玉木さん（アンナ）だってポケモンのノート持ってきたじゃん」

「あれは妹のだもん」

今度はアンナが口をとがらせる。そんなことでむきにならなくても……でもそこがアンナの愛すべきところ。

アンナはそうでもないけど、ほとんどの子どもたちはポケモンが好きで「かわいい」と思っていて、「買って」と家の人に言う。だからポケモンキャラクターのついてる物は売れる、ということがわかった。

「ぼく、ポケモンキャラクターのついてる物は売れる、ということがわかった。

「ぼく、ポケモンカレー食べたことあるんだけどね」と、ある子が言う。

「……なんか普通のカレーとおんなじ味だったよ！」

「当たり前じゃん」という顔をしているアンナ。

「うん、そう。おんなじだよね！」と少し興奮しながら発見を共有しているスグルたち。

「えっ、そうなの？　なんだ、ポケモンカレーってピカチュウの肉とかが入ってんじゃないのか」と私が言うと、

「そんなわけないでしょ。なんで先生そんなこと言うの」と、本気のふくれ顔をしたユウヤに怒られる。

ともかく、同じ味ならポケモンキャラクターがパッケージについてる方がよく売れるんだということがわかる。

さて、そのあとはもっと調べたいことを出し合った。

ポケモンの歴史、人気の秘密、外国のポケモン人気、何年生がどのくらいポケモングッズをもっているか、ポケモングッズを発売している会社はどこか、ゲームが発売延期になったりするのはなぜか。

これらの中から自分が調べたいことを選び、人数が多いグループは相談していくつかのチームに分かれたりした。

スグルはさんざん迷った末、ポケモングッズをどのくらい持ってるか、アンケートをとるグループに入った。各学年一クラスを対象にアンケートをとり、それを集計してグラフにする作業をリードしたのは女の子たちだったが、スグルは「はい、ここの棒を青で塗って」などと指示されながら熱心に作業に取り組んでいた。

ユウヤは「人気の秘密」インタビューグループ。これも当初積極的だったのは女の子たちで、町を行く人に「ちょっとすいません」と声をかけるとき、ユウヤは後ろに隠れたりしていたそうだ。

でも発表のときにははりきっていた。知らない大人の人にインタビューすることは勇気がいる。それをやってのけた自分を誇示したいようだった。

「あのね、四〇くらいのおじさんがね、『売り方がうまいから』って言ってたよ。ぼくその意味わかるよ。お父さんに聴いたから」

ユウヤはお父さんと話すのが大好きだ。きっとお父さんにもほめられたのだろう。何よりも「意味がわかった」ことがうれしかったのだろう。次のインタビューのときには自分から声をかけるようになった。

ケントは「ゲームの発売延期」について調べるグループに入った。「博士」と呼ばれる物知りのリョウといっしょだ。リョウの「わたしのおすすめ」は、テレビ番組「神々の詩」だった。「シブすぎる……」とリョウの母は笑った。

ケントとリョウはそれまであまり接点がなかった。まじめなリョウとおふざけケント。遊びも違う。でも、共通することもあった。関心の対象に少し違いはあるが、「世の中のこと」をよく知っていることだ。

ケントたちは、町のゲーム屋さんを軒並み当たった。ケントは人懐こくて物怖じしない子だからどんどん店に入っていって、「お兄さん、教えてもらいたいことがあるんですけど」と質問する。相手が「対応してもいい」という態勢に入ったところで、今度はリョウの登場。

「ぼくたちは市内の小学校の三年生で、いまポケモンについて調べてるんですけど……」とリョウがまじめな顔で質問する様子を、ケントは教室で物真似しながらみんなに教えてくれる。

「聞き方がすごい上手。ぼく、なんかもう尊敬しちゃったよ」と言いながらだから、リョウもうれしそうだ。

さて、ある日ケントたちは、「大変なことがわかったよ」と興奮しながら報告してくれた。

「金銀バージョンの発売が遅れてるのはね、任天堂の戦略なんだって!」

「えー、そうなの! 戦略なのかぁ」と、それを聞いた子どもたちもびっくりしている。

「戦略ってどういうこと? 何のためなの?」

私も少し興奮しながら聞くと、

「それはわからないよ」

と、当然のような顔をして言う。みんな同じような顔をしている。あれま、いったい何をびっくりしてたの、あなたたちは……と心の中で大笑いしながら「じゃあ今度はそれを聞いてこなくちゃね」と言うと、「よし。今日も行って来よう」とはりきっている。

ケントたちの再度の報告を受けて、子どもたちは「限定発売」にしたり「発売延期」にしたりして、購買意欲をあおろうとする「任天堂の戦略」を知った。

アンナたち「ポケモンの歴史」調査グループは、本やゲーム、カードなどの発売時期を調べた。そして、ゲームソフトの第一号とマンガ「ポケットモンスター」の第一回が掲載された『コロコロコミック』の発売時期がいっしょだということを発見してきた。

「なんでいっしょなんだろう」をテーマにした討論は、白熱した。

「ポケモンのキャラクターって子どもに受けそうだから、それを任天堂と小学館とどっちが使うかで競い合ってたんだと思う」と、アンナ。

「それで、そういう情報って相手に伝わったりしちゃうから、結局同時発売ってことになったんじゃないかな」

数人が同調し、なるほど……という空気が流れる。「え～そうかなぁ」という顔をしているのはスグル。班会議を経て、スグルが立ち上がった。

「小学館は本の会社で任天堂はゲームの会社でしょ。だったらさ、別に競い合うことないんじゃないかな」

「あっ、そうだよ、きっとそれ戦略だよ」と言ったのはケント。すっかり「戦略」づいている。

「どういうこと?」と聞いてみる。今度は「それはわからないよ」とは誰も言わない。「えーと……」と考えている子どもたちの中から、「わかった」とリョウが声をあげた。

『コロコロコミック』は子どもがよく読むでしょ。だからそれ読んでポケモンが好きだと思ったらゲームをしたくなるでしょ」

「そうだ、そうだ！」と、スグルやケントたち。

「任天堂と小学館は手を組んでるんだ！」と、スグル。アンナも大きくうなずいている。

次の時間には、『コロコロコミック』をみんなで見た。巻頭カラーグラビアは何ページにもわたって「ポケモンゲーム金銀バージョン」の記事だ。広告ではなく、記事。

「きったねえよ、任天堂」とスグルが例の大声で言った。

「いや、だって、出したら売りたいでしょ。先生もさ、本出したら『売れたらいいな』って思うよ。それにさ、任天堂のためだけに手を組んでるの？」

そう尋ねると、子どもたちは口々に言う。

「ゲームからポケモンが好きになった人も『コロコロコミック』を買うようになるし、テレビのアニメも見るようになるよ」

「そうか。みんなで手を組んでるんだ」

「みんなで手を組んで子どもたちに売ろうとしてるんだよ」

「子どもたちに、ってところがやっぱきたないよ」

誰よりもたくさんポケモングッズを持っているスグルが「きたない」を連発した。

「じゃあもう買わない？」と、聞いてみる。「えっ」と答えに困っている。そりゃそうだ。

「買うよね。欲しければ買っちゃうよね。でも売るための仕組みがわかったから、ちょっとだけだまされないようになったかもね」

「うん。だまされないように買うようにする」

と、スグルは晴れ晴れとわけのわからないことを言った。

その後。学習発表会では、この学習の過程とわかったことを寸劇風にして発表した。「ラプラスに乗って」というポケモンソングでオリジナルダンスも踊った。

三学期には、『ミュウツーの逆襲』をみんなで見て、「ミュウツーはなぜ戦ったのか」をテーマに話し合った。ミュウツーの「私は何のために生きている？」という問いを受けて意見を出し合っているとき、スグルは「家族になるためだよ」と、きっぱり言った。この学習は、このスグルの発言から、「家族ってなに？」から始まる「家族」の学習へと発展していった。

ポケモンから始まった学習は、あちこちに枝葉を伸ばしながら、子どもたちが四年生になってからも続いていった。

胸いっぱいの『いとおしい』

教師になって一〇年目の年に、初めて受け持った二年生。当時の学級通信「げんき」を引っぱり出して読み始めたら止まらなくなった。「教室から」と題した日々のエピソードが楽しくてしかたがない。

●給食時間の会話。「マサヤって大きいね。お兄ちゃんと変わらないんじゃない？」と話していると、「カオリもね、お兄ちゃんと同じぐらいだよ！」とうれしそうに。それを聞いてケイタ、「ぼくだって妹と同じぐらいだよ！」　え～っと、まあいいか！

●「マナのお父さんね、つりが大好きなんだよ。マナね、お父さんの頭の中見たことあるの。そしたらね、つりつりつりつりつり～って、つりばっかりだった」わあ、驚いた！

●「先生、トカゲは見つけた人のもん？　それともとった人のもん？」　教室に入るなりタカヤが興奮して聞いてきました。「なにごと」とびっくりしてしまいました。「なんだトカゲか」と思ったのですが、子どもたちにとっては一大事。いま五組ではトカゲ大はやりです。

●ヤックンとのある日の会話。「ぼくんちねえ、ミズボウソウ飼ってんだ」「えっ？」「ミ・ズ・ボ・ウ・ソ・ウ」「誰か水ぼうそうになったの？」「何言ってんの、先生。ミズボウソウ飼ってんのッ！

ぼくんちの水槽で」　何なんだ、いったい……。翌日。「ミズボウソウ元気？」「あっ、あれクチボソだった。間違えちゃった。エヘ」と、おどけて見せるかわいいヤックンでした。

●給食の後、職員室にいる私のところに、トコトコとやってきたソウタ。おっ来た来た。「先生、ぼくね、昨日からお腹が痛いの」「えっ、昨日から？　ずっと痛いの？」「うん。昨日の夜から」「でも給食たくさん食べてたじゃない」「うん。でもまたね、ちょっと痛くなったの」「そうかあ。それはね、食べ過ぎだと思うよ」　真剣な表情でうなずくソウタ。そのかわいらしいこと。こういう平和な会話がたまらない。午後のひととき。

●熱でお休みした翌日、ナオキと。「もうすっかりいいの？」「うん」「きのうはうんと熱が出たの？」「うん。えーとね、だいたい九六度」　危うくふっとうするところでした！

●朝は、「ぼく自転車買ってもらったんだあ」とカギを見せながらニッコニコ。そしてチサのお別れ会では大泣きしていたジュン。給食のとき、ジュンに聞かれました。「先生、ぼくの心の中がわかる？」「心の中？」「うん、ぼくの心の中はね、チサと自転車でいっぱいなの！」うーん、たまんないなぁ。

エピソードはまだまだたくさんあって書ききれない。当時八才の子どもたちは「一二年後の自分へ」という手紙を書いた。それから二一年後、ソウタが幹事を買って出て、懐かしい顔が集まった。みんなが順番に三〇才になる年の再会だった。近況報告や懐かしい話で大笑いの後、九年遅れたけど、自分への手紙を開くときが訪れた。順番に読みあげていった。

「二十年後のぼくはちゃんとお仕事してる？　八才のぼくはね、図工が大好きだよ。それとね……あっ、これやべえ……」

口をおさえて目を泳がせるケイタ。

「あっ、もしかして来たか？　バクダン」

みんなの期待が高まる中、意を決したようにケイタは早口で読み上げた。

「カオリちゃんが好きです！」

やった！　やんやの喝采。

次々に読み上げられる「自分へ」のお手紙の中には、たくさんのバクダンが仕掛けられていた。みんなで大笑い。はからずも二十年後の大告白大会になってしまったのだ。

「はい、最後は、タカヤ～！」

タカヤの告白の相手は誰かな？　という期待のにやにや笑いの中で、読み始める前にタカヤは言った。

「えーっとさぁ、俺のってこれ、つまりそういうことかなぁ」

そして読み上げた手紙には、「原田先生はね……」と、私のことばかり書かれていた。そんな手紙を書いている子はほかには誰もいなかったのに。

「おおー、タカヤ、お前二十年後の空気までちゃんと読んでたなぁ」と仲間たちに言われ、

「なんか恥ずかしいけど、多分これ、マジだったと思うよ。もしかしてオレの初恋って……」で、また大笑い。

「げんき」の最終号で、私はこう書いている。

「この一年間、私はとても幸せでした。たくさんの発見、感動、涙や笑い、そしてそのたびに『いとおしい』という思いを胸いっぱいに持てたこと……本当にすてきな一年間でした。この幸せが、私だけのものではなく、子どもたちと共有できたものだとしたら、本当にうれしいことです」

二一年後、また私は『いとおしい』という思いを胸いっぱいに持って、幸せな一夜を過ごすことができた。そしてそれは、あの場にいたみんなと、きっと共有できたに違いない。

英志と五年生の子どもたちとともに学び続けた一年間

1.「学年を協同の場に」の願いをもって

全校一〇〇〇人を越える大規模校の五年生の実践である。

私たち学年教師は、時間さえあれば子どもの様子、言動、それをどう見るか、実践構想をどう立てるか、といった話をしていた。

職員会議の初めの三〇分を使って行われる「児童指導報告」の時間、五年生からの報告はいつもどの学年よりも多かった。それは、「問題行動の特に多い学年」だからではなく、「それだけ子どものことを見ようとしていて、それを互いに共有してるということ」と自負していた。

遡（さかのぼ）ると、子どもたちが五年になるまで、三・四年と二年間もこの学年を受け持ってきたにもかかわらず、私は英志のことを知らなかった。学年七クラスの大規模校という事情もあったが、「困っていること」を言い出しにくい学年の事情もあった。皆が言い出しにくかった訳ではない。英志の四年時の担任は初任研があり、週に一度は必ず出かけなければならず、それ以外にも何時間も教室を空けなければならなかった。校内での彼の研修担当は、英志の三年時の担任でもあるベテラン教師だった。すべては二人の間で解決（?）済みで、学年で話題にされることはなかった。もちろん学年教師たちから初任の教師への働きかけは様々な形でされたが、大きく功を奏すことがないまま、四年時を終えてしまった。この学年から五年に上がった私とT先生には、苦い思いが残った。

五年を受け持つにあたって、私が学年主任になることが決まった。当初は気が進まなかったが、T先生と共に、今度こそ学年を協同の場にしていこうという願いをもって、そしてその願いを実現していくことに大きな期待を感じ始めながら、学年をスタートした。

私は、英志の担任になった。

2. 英志から始まる学び

「なんでやらねえんだよぉ」

雨で体育ができなくなった日、英志はふくれっ面で大声を出した。

「誰に言ってるの？」と尋ねると、ほんの少しとまどった後、英志は窓の外を指さした。不満顔のままに。

「それなら、なんで降ってんだよぉ、が正しい。そうだよねぇ。やりたかったよねぇ、リレー。わかるわかる」と言ってから、私は窓から叫んだ。

「なんで降ってんだよぉー！」

ちょっとちょっと、先生、そんなこと言ってもしょうがないでしょ、恥ずかしいよぉ、やめなよ、大人なんだから……。教室の子どもたちがいろいろ言う。

「そうか。子どもなら恥ずかしくないね。英志、叫んじゃいなよ」

「いや……もう、いいッス」

ふくれっ面は照れ笑いに変わっていた。

英志は不平不満の多い子だった。給食の量や味、宿題、天気、そしてクラスメートの言動。気に入らないと「チッ」と舌を鳴らしたり、文句を言ったりする。体育のリレーの授業で負けた時にも、「なんでちゃんと渡さねえんだよ」と、バトンパスに失敗した子に言っていた。

「負けず嫌いなんだねぇ。いいねぇ。子どもはそうでなくちゃ。でも、勇太泣きそうなんですけど」と言うと、はっと気づいて

「ごめん、勇太。気にしなくていいよ」と声をかけている。

「あの……もともと気にしてるのに追い討ちかけたのは君なんですけど」と言えば、

「あっ、そうか」と反省顔をする。

私は、英志の不満を聴き取り、対話をするのが大好きだった。英志の不満は多くの子の不満だったし、それをこんなにはっきり表明できるなんて、なんてすてきなことなんだろう、と思っていたからだ。さらに、その表明はさまざまな学びを生み出してくれるから。

国語の授業で、教科書に載っている「クラス会議」を取り上げたときのことだ。議題は「ゴミ捨て場をきれいにしよう」。その方法としてポスターを貼ろうという意見が出るが、ポスターは雨に濡れると汚くなる、ビニールをかけたらどうか、と話し合っている場面がある。

「そんなのどっちでもよくねえ?」

最初に言ったのは、英志だった。その後、この会議は意図が不明、議題の設定自体がおかしい、問題の在り処を明らかにしていない、などの意見が出て、「ダメだ、この（教科書の）クラスの会議」という結論になった。

英志がたくさん話しかけてくるようになった。

「いやうれしいっつうかなんつうか。だってオレすごかったんだよ、怒られ大将だったよ、四年まで」

「なんかさ、五年になってからすげえ怒られんの減ったんだけど、オレ」「不満？」

「何してたの？」

「哲也と亮平と組んでいろいろね」「いじめとか？」

「あっ、それもあった。相田のこといじめてた」「なんでいじめなくなったの？」

「だってクラスが違っちゃったから会わなくなったし」

「隣りの教室にいるじゃん、相田さん。いじめようと思えばいつでもいじめられる」

「いやなんかもうそういう気にならないよ。なんかねぇ、いらいらしてたんだよね、前は」

「相田さんは災難だったなぁ。謝ってくれれば？」と言うと、哲也たちを誘って早速謝りに行った。

相田さんは、英志たちが声をかけると逃げて行った。その後、相田さんの担任が聴き取りをし、私も英志たちから詳細を聴き取った。それは暴力的ないじめではなかったが、からかいは確かにあったことを確認し、担任立ち会いのもとで正式に謝罪した。

母は、個人面談で「小さい頃から問題ばかり起こして、謝ってまわって、先生からはこの子はこのままじゃ大変なことになる、って言われて、子育て間違ってたのかしら、ってずっと悩んでました」と、泣いた。

英志の何が「問題」だったのだろう。サッカー大好きで、いつも体を動かしたくてうずうずしていて、負けず嫌いで、いたずら好き。意地悪をすることもある。不平不満をたくさん表明する。子どもが子どもとして生きている姿として、不自然だとは私は思わない。でも確かにそういう子が「いらいらする」学校生活を送っているという現実はある。何かが、英志のような子どもが平和的に生きていくことを阻んでいるような気がしてならない。

3．あなたは誰？

二学期、二泊三日の自然教室の取り組みが始まった。学年は二五〇人。バス、部屋、バーベキュー、オリエンテーリング、ナイトハイク……いくつものグルーピングが必要だった。煩雑なこの作業を進めながら、「この子たちは、人数が多すぎてエピソードを共有できない」ということに思いいたった。そこで、自然教室でのエピソードをクイズにして楽しむ時間を「総合」として持つこと、それをさらに日常のエピソードに広げる、という提案をした。学年の教師たちは賛同してくれた。

自然教室から戻ると、さっそく各クラスでエピソードクイズの時間をもった。友だちのエピソードや「実は私……」という打ち明け話を紙に書く。それを教師が読み上げて、「誰のことか？」と問う。そんな簡単なアクティビティーだったが、教室は大いに沸いた。

あるクラスでは「ナイトハイクのとき、暗闇がこわくてうるうるしていた」というエリカのエピソードに、みんなが驚いた。エリカは普段強気で元気いっぱいの子だ。

「バーベキューのとき、地面に落ちた野菜を『平気平気』と言いながら鉄板に乗せていた」というキコのエピソードでも「えーっ」と一斉に声が上がった。いつもきちんとしているという印象をもたれていたキコは、「実はそうじゃないんだよねぇ、私は」ということをやっとアピールできた、とうれしそうに担任に語ったという。

この授業は「あなたは誰？　—友だち発見・自分発見—」と題して、共生をテーマにした校内研究授業でも提案することになった。互いのことをよく知らず、関係も希薄である子どもたちの実態は、人数のせいばかりではない。進学塾通いが半数を越え、学力的な面についてのこだわりが強く「できる・できない」という価値観で友だちを見る。その傾向は、翻って自分自身についての見方にもなっている。外部からの評価に大きく左右されやすく、全般的に肯定的に自分を見ることが難しい。

私たち学年教師は、この子たちがより多くの友だちとすすんで関わり、豊かな関係を築いていけるように、また、関わり合いの中で友だちの良さを多様な価値観で認め、自分自身に対する肯定的な見方も獲得していけるようにしたいと考えていた。それが互いに学び合い、学び続けるために欠かせないことである、と。

クイズの回答を考えながら、エピソードに投影されたある子の人となりとそれを紹介する子のまなざしには、多様な良さがあることにも気づくだろう。一面的な見方では計れない「人間性」についての認識が深まることも期待した。

共生は、安心して語り合う・聴き合う関係のないところでは成立しないし、そういった関係を作ること自体が共生へのアプローチだとも言える。友だちが書いたエピソードに耳を傾け、互いに言い交わし合いながらクイズを楽しみ、新たな発見に対する喜びや驚きを共有しあえる空間を作っていきたいと考えた。

当日は、七クラス中四クラスが同時に授業公開をした。

私のクラスでは、小さい頃おもちゃ売り場の前で床に転げておもちゃを買ってもらおうとしたカオリの話、道でバッタに出会って思わず格闘ポーズをしたツヨシ（大柄で強面）の話などで教室は笑いに包まれた。

「幼稚園の頃いじめられていて、幼稚園がなくなればいいと思った」と書いたのは公生。カナは感想に「公生がいまどうしてやさしくて親切な人なのか分かったような気がした」と書き、公生は「勇気を出して書いてよかった」と書いた。

「生まれたとき、あまりにも小さくて死にそうだった。お母さんも心配した。でもいまはこんなに元気」これは、英志のことだ。正解は出なかった。「英志さんです」と言うと、「えーっ」と一斉に驚きの声が上がった。

「よかったね、英志」

「涙が出そうになったよ」

そんな感想がたくさん書かれた。

「知らなかったことがたくさんありました。大変なことがあっても乗り越えてきた人もいる、そうしていま、五年二組のみんながいっしょにいるんだ、そう実感しました」

「ひとりひとりに意外ないろんな面があることが分かりました。ということは、自分にもいろんな面があるということだと思いました」

これらの感想を紹介した後、友だちのことも自分のことも、これからもどんどん知っていこう、としめくくって授業を終えた。

4. なかったことにしよう

誰もクイズにしなかった自然教室でのエピソードがある。キャンプファイヤー実行委員になった英志は、はりきって活動した。当日、「火の神様」を呼び出す役を、大声とオリジナルの愉快なパフォーマンスでやった。キャンプファイヤーは大成功だった。自然教室が終わると同時に転校していくことが決まっていた翔に素敵な思い出をプレゼントできたね、と子どもたちは喜んでいた。

キャンプファイヤーが終わったあと、頬を紅潮させた英志が宿舎に戻ろうとしたときのことだ。身をはずませ軽く走るように克哉の横を通ろうとした英志は、克哉の足につまずき、転んだ。起き上がったときには表情が変わっていた。一発、二発、克哉の腹に蹴りが入った。私の方を一瞥し、呆然としている克哉の側から走り去ろうとする英志を、私も走って追いかけた。克哉の脇を通るときに「ごめん、なかったことにして」と早口で言って。ようやく追いつくと、息を切らせながら言った。

「よかったよ、キャンプファイヤー。すっごくよかった。翔も喜んでた。ここまでよくがんばったね。えらいよ、英志。かっこよかったよ。それだけだから。後は何もなかったから」

うなずきながら懸命に目をしばたたいていた英志の頬を、涙がひと筋伝っていった。

克哉には克哉のストーリーが、そしてそれまでの克哉と英志とのストーリーもある。克哉もまた、つい暴力的になってしまう自分と向き合う中で、英志とぶつかり合うこともあれば、英志の助けを借りて何とか乗り越えてきた場面も無数にあった。その中で克哉が英志の「蹴り」を「なかったこと」として許すことは、そう難しいことではなかった。

この顛末を、いつかエピソードとして笑って話せる日がくることを、私は確信していた。そして、それは確かに笑い話になっていた。そして五年の終わり頃、サッカー部での葛藤で傷ついた克哉が崩れそうになるのを懸命に支えたのは英志だった。

5. ふたたび学年の教師たちと

冬休みの一日、私たち五年担任は、三学期の授業のポイントをどこに置くか、「総合」のテーマを何にするかといった課題を前に、自然教室後の子どもたちの様子や課題を延々と語り合った。

「穏やかでいい子たちだよねぇ。暴力的な事件なんて最近めったにないもんねぇ」

「そうだね。最初の頃はいくつかあったけど、穏やかになってきたよねぇ」

「でもねぇ……」

「そう、でもいいのか？　って気はするよね」

「あからさまに差別はしないけど、でも何て言うか『きれいな差別』があるんだよね」

子どもたちの半数以上は、私立中学を受験する。塾通いに忙しく、放課後の遊び時間などほとんどないし、そのことに疑問を感じない子も多い。曰く「だってみんなそうじゃん」。

「与えられた環境に疑問を抱かない子が多いよね。きれいなことばで互いにほめ合うことは上手だけど、批判や要求ができないから、陰で靴を隠すとか、こそこそ悪口言い合うとか、そういうのが多いのかな」

批判や要求ができないのは、でも、子どもたちのせいではない。そういうことを誰も教えてこなかったし、機会を作ってこなかったのではないか。むしろ「ない方がいい」とメッセージを送ってきたのではないか。そんなことを語り合った。

「この子どもたちには、メディアリテラシーの授業が必要なんじゃないかな」

私の提案に、「それって何ですか」という反応だった若い教師たちは、冬休みに自主的に研修してきた。

6. みんなで読み解く

私のクラスでは、朝の会で日直が「気になったニュース」を発表することにしていた。事件や事故、季節の便りなどさまざまなニュースとそれについての自分の感想や意見が発表される。それに対して聞いている子たちも自分の感想や意見を発表する。

「NHKの会長が辞任しました。ちょっと遅すぎたと思います」と発表した子に、

「ぼくは、辞任じゃなくて解任にしてほしかった。だって辞任ていうのはすごい高い退職金をもらうってお父さんに聞きました。責任取るならそんなのもらうべきじゃないと思う」と付け足したのは、太陽。彼の父親はNHKの職員だ。

これをずっと続けてきたことで、子どもたちのニュースに対する関心は比較的高いのではないかと感じている。でも、時々、報道をただ鵜呑みにして報告していることが気になっていた。

国語の授業で、メディアリテラシーを取り上げることになった。まずは新聞広告やマンガを教材にした。

「ビールの広告を使ってみたんだけど、面白かった！　泡があふれているところやグラスの水滴が飲みたい気分をそそるとか、色がさわやかさを演出してるとか、子どもたち、よく読み取ってるよ」

「うちのクラスはこれを使ってみたんだけど……」

職員室で情報交換をする声ははずんでいた。

「これ、自分もいっしょに学べて、楽しいですね」

と若いU先生。同感である。私も、楽しくて仕方がなかった。

N先生が持ってきた『コロコロコミック』の裏表紙の「記憶術」の広告も面白い教材になった。

「一日一五分やるだけで記憶力が上がり、テストの点が大幅にアップする」という内容の広告だ。

プリントしたものを子どもたちに配ると、一斉に食い入るように読む。しいんとしている。

「どうかな、これ」と問いかけると、真っ先に克哉が「やってみたい」と元気に答える。「申し込もうかな」という声も聞こえる。「やってみたいと思った人？」と尋ねると、半数以上が手を挙げる。首をかしげている子や「あやしいんじゃないか」と言っている子もいる。

「やってみたいと思わせてるのは、この広告のどこのどういうところだろうね。余白に書いてみて」

しばらくすると、「あっ、ここかぁ」とか「もしかしてだまされそうになったかな」という声が聞こえてくる。見る間に余白への書き込みが増える。

「関西弁のカエルというキャラクターにひきつけられる。しかも、そのカエルがテストの点が悪くて情けない感じで、ああ自分に似てるなあと共感させる」

発表の段階になると、教室は活気づいた。鋭い指摘が次々に出てきて、互いに感心しあったり、共感の声を上げたりした。

「『秘密』ということばがいくつも出てくる。何だろうって知りたくなる」

「マンガから入って、次に説明を読むように誘導されている」

「顔写真と名前つきの体験談が載ってるけど、ウソかもしれない」

「見出しには『九〇万人が成功』って大きく書いてあるけど、下の方には『八〇万人以上が体験』って書いてある。ウソだから数字がおかしいんだ」

だんだん「これはウソじゃないか」と思い始めた子どもたち。

「一日一五分でOKって書いてあるけど、具体的に何をするのか書いてないよ」

「それにこれ、費用も書いてない」

「無料プレゼントってのがあるけど、これに申し込むためには住所書いて送る訳でしょ。あとからたくさん広告が送られてくるんじゃないの」

発表がひと段落した後「どう、申し込んでみる?」ともう一度聞いてみた。一斉に「申し込まなーい」の声。

「みんなで気がついたことを言い合ってると、何かだんだん見えてくるよね」

「ひとりで見てたらだまされてたかもしれない」

口々に言い合っている。

「オレは最初からわかってたけどね」と英志が言うと、

「うそつけー!」と一斉につっこまれた。

「オレはすっかり信じてたよー」と、苦笑いの克哉。

私は「みんなで読んでみるって大事なことだね。こういうの『読み解く』っていうんじゃないかな。

ただ読むだけじゃなくてその意味を解き明かしていくんだから」と言った。読み解くことでつながっていくのだ、と思いながら。

7.「本当のこと」はどこにある？

新聞や雑誌の広告の次は、テレビを使おうと考えた。『テレビの嘘を見破る』（今野勉著　新潮社）という本を読んで、水に落ちた子どもの象が親象（？）に引き上げられるテレビCMは、実は調教された象による演技の部分もあるのだと知って、私たち学年教師は驚いた。

さっそく教室で話してみる。子どもたちも驚くのではないか。しかし、予想ははずれた。

「CGじゃないの？」と、こともなげに言うのだ。

ダチョウが器用にスキーをしたり、乳児がリズムに乗って踊ったり……子どもたちはそういう「作り物」を見慣れていたのだ。そんな子どもたちに「感動は演出されていた」と伝えても、「やっぱりね」で終わってしまう。違う課題がある、と感じた。

消費者金融のCMをいくつか見せた。子どもたちはこんなことを語り合った。

「『初めてのアコム』って『初めてでも安心』を強調してるんだよね。でもホントに安心なのかな」

「サラリーマンがピアニストになったっていうストーリーとポケットバンクってどういう関係があるの？　イメージじゃない、イメージ」

「『どうするアイフル』ってさぁ、お金がなければ借りろって言ってるんだよねぇ。でも借りたら返す訳でしょ。解決になってないよね」

この後、提示されている金利で、五〇万円借りると返済はどうなるのかをシミュレーションしてみた。「二〇回払いにすると一回三万二千円」という結果に、「なにそれー！」と声が上がった。

ところで、これらの消費者金融会社も提供して作られた番組があった。「拝啓ブッシュ大統領閣下!! 今夜明かしますあなたが絶対語らない一〇の秘密」という番組だ。この番組を録画したものの一部を教室で見た。そういう会社の提供で大丈夫なのかね、と言いながらも子どもたちは引き込まれていった。

その内容は……。

アメリカのイラク攻撃後、当時何度もニュースで流された「引き倒されるフセイン像」の映像、実はあれはフセインの像ではなかったということ。

湾岸戦争当時、イラクに攻撃されたクウェートの少女が涙ながらに会見する姿が放映された。「（イラク兵は）赤ちゃんを保育器から取り出し、冷たい床に放って死なせているのです」と。しかし、この少女は実は安全なアメリカに暮らすクウェート大使の娘で、会見の内容も作り話であったということ。その他いくつかの情報コントロールの実態。

「戦争を始めるために、誰かが情報をうまく使ったってことか」

「あの少女は、どうしてそんなウソを平気でつくことができたんだろう」

「でもこの番組が言ってることはどうなのって思っちゃうよね。何が本当だかわかんなくなるなぁ」

イラクもまたクウェートにおいて情報コントロールをしていたことを知らせると、更に混乱した。子どもたちの感想を聴きながら思った。「これは本当かどうか」を見破ること、「作り手の意図」を読み取ることだけでは不十分なのだ。

そこで私は子どもたちに問うた。

「本当のことはどこにあるの。あなたたちがこれは間違いなく『本当のこと』と言えるのはどんなこと？」

「自分が経験したこと」「実際に見たり聞いたりしたこと」「それと、その場で感じたこと」という答えが帰ってくる。

ここで、郡山総一郎氏の写真集『未来って何ですか』（新日本出版社）に収められた写真を見せた。戦闘地域や貧困地帯の子どもたちの姿である。

「これはどう？　本当の姿だと思う？」

子どもたちは息を呑んでいる。答えを待たずに本の中の作者のことばを読んだ。

〈戦争を肯定する人は、まず自分で戦場に足を運んでみるといい。戦争の現場を、自分の五感で見聞きし、たちこめるにおいをかいでみるといい〉

「確かにね、間違いなく『本当のこと』と言えるのは、自分の経験にもとづくことだよね。でも、私たちは、経験からしか学べないわけじゃない。作者の郡山さんは、こうも書いていますす」

〈想像する。空から突然落ちてくる爆弾。家や市場、学校が破壊される。さっきまで話をしていた人が、一瞬で命を奪われる。手足を無くして苦しみもがく人。血まみれで病院に担ぎ込まれる子ども。その子に付き添い、狂ったように泣き叫ぶ母親。ぼくは悩む。その人たちが何をした？　何のために犠牲にならなければならないのか？　戦争とはいったい何なのか？〉

「郡山さんは、バグダッドへの空爆を報じるテレビを見ながら、今言ったように思ったそうです。テレビ画面には映っていない現実があるはずだ、と思って想像したんですね」

現場で写真を撮り続ける郡山さんが、何のために、何を伝えたいと願っているのかを本の中から読み、再度、子どもたちの感想を聴いた。

「『爆撃があった』って聞けば、そこには被害を受けた人がいたはずで、そのことに気づかなくちゃいけないと思った。私は『爆撃があった』っていうことばを聞き流していたと思う」

「本当のことを伝えたいと思っている人たちと、情報をコントロールしようとしている人たちとがいるんだな」

「ＮＨＫで、政治的圧力があったかどうかっていう話、あれもそういうことなんじゃないの」と克哉が言うと「ああ、そうかもねぇ」と太陽がうなずいた。

「よく先生が『想像しなさい』って言うけど、それは、ちゃんと報道されないこともあるからだってことを思い出した。ほら、沖縄の話を二学期にしてくれたじゃない」と、英志。

夏に沖縄に行った。そこで見てきた沖縄国際大学の米軍ヘリ墜落現場と米軍新基地建設予定地にされている辺野古の海、そして沖縄の人たちのことを、私は子どもたちに話していた。

「そんなに大変なことがあったのに、何でちゃんとテレビや新聞で知らせないんだろう」と、いちばん憤慨していたのは英志だった。

8．終わりのない学びを

三学期の「総合」は、環境問題を取り上げようということを提案した。その頃、社会では、じゅうぶんとは言えないが公害問題を扱っていた。この「じゅうぶんとは言えない」部分をつっこんでみよう、と考えたのだ。

公害だけでなく全国の環境破壊の現状を知り、それについて子どもたちが自分なりの意見を持てるようにする、そんな学習を構想していた。そして、「最後に、自分たちに何ができるのか、って考えさせるのはやめよう」ということも提案すると、「そうか、わかった」とT先生が言う。いままで福祉や環境をテーマにした「総合」をやってきて何だかすっきりしなかったのは、いつも最後は「私たちにできることは何か」という課題で、できもしない、やりもしない、やっても何も変わらないようなことを子どもに発表させていたからなんだ、と。

つけ加えて、私は国語の「クラス会議」の授業の話をした。「ゴミ捨て場問題」で、なぜ「ポスターが濡れたらどうする」なんてことを論議させるのか。それは、ゴミ問題の本質、そこにある政治的課題に子どもがアクセスすることを望まない教育政策の思惑があるからではないか。でも、子どもたちは気づいていた。英志の疑問はもっともで、そこから授業を展開していったら、問題はどこにあるのか気づくことができたのだ、と。さらに、子どもの認識が何も変わらないような授業は、学びとは言えないのではないか、といった意味のことも。すでにメディアリテラシーの授業を展開しつつあった学年教師たちにとって、私の提案は突飛なことではなかった。

この総合学習のねらいは次のように設定した。

●環境破壊の背景にあるものについて調べ学習を通して知り、そのことについての見解を持つ。

●発表（特に発表者の見解の部分）について、意見交換をし、それぞれが自分の考えを深めていく。

川崎の公害について調べた子たちは、工場などの排煙は少なくなり「きれいな空がもどってきた」と教科書に書いてある地域と同様、川崎の公害問題も解決した、と考えていた。だが、小児喘息の子どもは激増しており、それは県内他地区に比べても圧倒的に多いこと、それは自動車の排気ガスによる大気汚染のせいで、公害裁判の原告は、「公害は終わっていない。被害はむしろ拡大している」と訴えていることを知った。彼らの見解は、「川崎市はもっと公害対策をやるべきだ」というものだった。

ほかに、諫早湾の干拓、阿寒湖のまりもの現状、笠岡市のカブトガニ保護など、テーマは多岐にわたった。

英志は、和明と二人で「沖縄のリゾート開発」をテーマに選んだ。そう言えば、二学期に私が沖縄の話をしたとき、もっとも憤慨しつつ反応していたのが、英志だった。以来、沖縄に興味を持っていた英志は、取り寄せた泡瀬干潟のパンフレットを広げ、「このミナミコメツキガニってかわいくね？」とか、

「この辺潜ってみてぇ！」とか言う。生き物大好きの英志らしい。

リゾートホテルの数の推移を調べ、沖縄に生息する生き物の稀少さ、絶滅危惧種であることなどを文献やネットから知り、「沖縄のリゾート開発には反対」という見解をもった。

それを発表した第一次発表会では、「英志の発表を聞いてると、確かに開発ってよくないと思うけど、それじゃ何で次々にホテルができるんですか」「リゾート開発に賛成の人の意見はどうなってるんですか。それを知らないと、よく分からない」と、次々に質問され、答えられずにいた。

英志たちは、第二次の調べで「リゾート開発推進の意見」を探し回って苦戦していた。ネットでどんなに検索しても出てこない、と嘆く。確かに。反対派の声、運動、呼びかけはたくさんある。でも、「私はリゾート開発に賛成です」という主張にはほとんど出会わない。私自身も検索をしてみて実感した。開発している事業者たちの「宣伝文句」は、そこを利用しようとしている顧客に向けてのもので、開発の意味についてはふれてはいないのだから。

しばらくすると、「見つかったよ」と、ある掲示板のやりとりをプリントしたものを持ってきた。そこに書かれていた「現地の雇用の問題をどうするのか」「開発に反対しているのはニューカマーで、現地の人は賛成している」「大自然だけでは生きていけないのだ」等の意見は、しかしやはり現地の人のものではないようだった。「現地の人の意見は？」ときくと、「行ってみないと分からないよ」と言ったあとで、英志はこうも言った。

「でも、すっごくいろんなところで開発の問題ってあってさ、電子署名とか裁判とかいろいろやってるってことが分かった。すげえたくさん見たよなぁ、いろんなサイト」

「ホント、もう目と頭が疲れたよ」と、和明。

行ってみないと分からない、ということ。開発問題をめぐってたくさんの反対運動があること。これは大きな発見ではないだろうか。

「お父さんにも聞いたんだけどさ、開発が必要だって思ってる人の意見も分かった」

英志の父は、ある省庁勤めだ。どんな話をしてくれたのだろう。

開発推進の意見を紹介した後で、英志は改めて自分の見解を発表した。

「いろんな意見があることが分かったんだけど、ぼくはやっぱりリゾート開発には反対です」と。

沖縄の基地問題を調べたゲンは、やはり第二次の調べで「基地必要論」を知り、「最初は基地はない方がいいと思ったんだけど、そうなると生活に困る人もいるって分かったので、いまは、減らした方がいいという意見です」と、発表した。

「いろんな考えを知ると、最初の自分の考えが揺らいだりするよね。まだ全部を知った訳じゃない。もちろん先生だってそうです。今でも『そうだったのかぁ』と思ってそれまでの自分の考えが変わることがあります。でもそれってけっこう感動的だったりする。学ぶことに終わりはないんだよね。学び続けていきたい、と先生は思っています」そう話して、この総合学習を終えた。

学ぶことに終わりはない。そんな思いを共有できただろうか。彼らはいまも、学び続けていると信じたい。

子どもが子どもとして生きられる教室へ

――四年生の子どもたちとともに学んできたこと

Ⅰ．ヒロくんのいる教室

震災が起きた年、異動したばかりの学校で、前学年の担任が退職・異動などでひとりもいなくなった四年生を受け持つことになった。四クラスの学年で、私は学年主任だった。

クラスには、「特別支援ファイル」で引き継がれた子が二人いた。ヒロくんについては「頻繁にパニックを起こす。教室を抜け出す。コミュニケーションがとりにくい」など、たくさんの「困ったこと」が書かれていた。フミヤは「キレて暴力をふるう。なかなか止まらない。指導を受け入れない。親もどうしていいかわからず困っている」とのこと。

新学期が始まるとすぐに、パニックを起こしまくるヒロくんの姿に出会うことになった。

「あぁー、ぼくの消しゴムがありません！」

「学童に間に合いません！」

「なんで三班が先なんですか。どうせぼくの班は……。もういいですよ！」

小さなつぶやきから始まることもあれば、いきなり大声で叫ぶこともある。物を投げたり、歩き回ったり、寝転んだり、階段の手すりにのぼろうとしたり、自分の首をしめたり……パニックの様態はさまざまだったが、とにかく頻繁だった。

多くの子たちは、「それがいつものヒロくん」という反応で（つまり何も反応しない。ただし、うんざりしたような表情で眺めている）いたが、学童仲間のマイだけは、「ヒロくん、私の消しゴム貸してあげるよ」「いっしょに学童に行こう」と懸命に声をかけていた。ただし、ヒロくんの反応は「ほっといてください！」というものだったが。それでも声をかけ続けるマイに、「マイはやさしくて根気強いね。尊敬してるよ。見習いたいな」と私は話していた。

フミヤはヒロくんに対していらだっていた。「うるせえんだよ」とつぶやいたり、「いい加減にしろよ！」とどなったりしていた。そんなフミヤには「私も同感だよ」とそっと伝えていた。

様子眺めの私は、「こういう場合はどうすればいいの」と周囲の子に聞いたり、時々ヒロくんに「大丈夫だよ、落ち着いて」と声をかけては「大丈夫なわけないじゃないですか！」とパニックをよけいひどいものにさせたりしていた。

子どもたちはいろいろ教えてくれた。ラジカセを頭上に持ち上げ周囲をにらみつけているヒロくんの姿に私がおろおろしていると、「先生、いろいろ言うけど本当に乱暴なことはしないから大丈夫だよ」と、小声で教えてくれる子がいた。

自分の首をしめたり階段の手すりに乗ったりして、「ぼくが死ねばすむことです！」と大声を出しているときには、「先生、でもヒロくんまだ一度も死んでないよ」と、囁き声で伝えてくれた。

2. 個人面談を経て見えてきたこと

四月の最終週から個人面談が始まった。それまでの間に、子どもたちと語り合ったり同僚から話を聴いたりしながら、「三年生まで」のヒロくんやフミヤのこと、学級・学年の様子などをだいぶ知ることができていた。

一年生の頃から全職員に知られていたヒロくんだが、パニックは次第にひどくなっていったとのこと。三年のときのクラスでは、ヒロくんにパニックを起こさせるようなことを言ったりしたりする子が複数いたが、その子たちもまた自分たちの大騒ぎを止められない子たちだった。パニックを起こしたヒロくんは、職員室に連れて行かれたり教材室に入れられたりした。三年では、どのクラスも落ち着かず、トラブルが絶えず、教室はゴミだらけ。二クラスは明らかに「崩壊」状態だった。全校が集まる場面では、三年生の「うるささ」が際立っていた……。とにかく、三年は「大変な学年」だった……。

ヒロくんの母は、「お母さん、いままで本当に大変でしたね」と、私が最初に語りかけたときから面談が終わるまで、ずっと泣き通しだった。「引き継ぎ」のファイルには「診断名をつけることを拒否している」と書かれていたが、そんなことはなかった。なぜこの子はこんなに苦しい思いをしているのか、他の子と何が違うのか、自分はどうすればいいのか……知りたいことがたくさんあり、何よりも母自身の「苦しさ」を共有してくれる人を求めていることが伝わってきた。「お母さんに怒られますよー！」

と泣き叫ぶことがあると伝えると、「そんなに恐い思いはさせてないと思うんですけど……」と、とまどった表情になる。「お母さんは味方だから、お母さんにだけは見捨てられたくない、というヒロくんの思いの表れだと思いますよ」と言うと、ほっとした表情でまた涙を拭った。「親のせい」「子育ての問題」というまなざしに、これまでどんなに身をすくませるような思いを重ねてきたことだろう。

フミヤの母は、「学校で暴力をふるっている姿が想像できなくて……。フミヤにいろいろ話してみるんですけど、担任の先生に『学校では相変わらずです。何とかして下さい』と言われて、もうどうしていいかわからなかったんです」と言って泣いた。四年になって三週間、フミヤの暴力は一度も出ていなかった。「先生、先生」と寄ってきてはおどけて見せて私を笑わせたりしようとする、陽気な子だった。その姿の陰に「暗いもの」も見え隠れはしていたが、少なくとも「暴力的な子」ではないことを母に伝えた。

個人面談を経て、この子たち（保護者も含めて）が学校で「奪われてきたもの」の大きさが、より鮮明に見えてくるようであった。

3．フミヤが伝えたかったこと

運動会（五月）では、四年生は例年「ロックソーラン」を踊ることになっていたが、その年は「斎太郎節」をロック風にアレンジした曲で踊ることにした。子どもたちに、宮城の松島沿岸の漁師さんたちが、漁に出るときの祈りや大漁を願う歌だということを話した。「とどけ!! さいたらロック二〇一一」と題した四年生の踊りは、力強く、元気いっぱいに演じられ、会場から大きな拍手がわいた。ハッピの背中には、「挑む」「夢」「明日」「願い」など、子どもたちが懸命に考えて書いた文字が鮮やかに浮かび、大きく揺れていた。

五月一一日、算数の授業を始めようとしていたときのこと。ノートに日付を入れながら、リョウタが「あっ、二ヶ月だ」とつぶやいた。震災から二ヶ月目の日だった。子どもたちは、震災の日のことを語り始めた。学区はほぼ全域で停電になっていた。帰宅できない親たちを待って、不安に怯えていた子たちがいた。臨時待機所となった学校の体育館で、夜を明かした子もいた。

私も自分の話をした。東北の知人たちの安否が確認できるまでの大きな不安。担任していた六年生たちと過ごした卒業までの一週間、そして卒業式……。

また、震災から二週間ほど経った頃に、新学期を控えて教科書も教材もない、という被災地の方からの声を受け、どうしたらいいのかと悩んだ末に、毎年市内の小学校に学習用のドリルを無償で配っていたJリーグのクラブに、今年はそのドリルを被災地に送ってはどうかと持ちかけたことも、話した。クラブはその提案を受け入れ、主力選手のサイン入りのドリルとサッカーボールを、自分たちのクラブの車で被災地の小学校に届けた(その後クラブはチームの選手が被災地に行ったり、被災地の子どもたちをこちらに招いたりと、支援を続けている)。

話を聴いて、「わたしたちも何かしたい」「手紙書いたりとか、物を送ったりとか、したい」という声があがった。混乱が続く被災地では、必ずしも「送られてくる物」を歓迎している訳ではなく、場合によってはそれらへの対応でさらに疲弊を深めてしまう場合もあることを当事者から聴いていた私は、子どもたちに分かるようにそのことを伝えた。そして、「しっかり学ぶことが、あなたたちにできるとても大切なこと」と。

「先生、さっきの話、自慢？」と後から言いに来たのは、フミヤだった。

「そうだね、何かできることはないかなぁって考えていたから、他の人にやってもらったことだけど、そのきっかけを作ることができたってことは、自慢だね。でもまだまだ足りないと思うけどね」

そう言うと、フミヤはちょっといらついた声を出した。

「なにそれ。自分だけ何かしておいて、『まだ足りない』ってさ、それじゃオレたちはどうなるわけ。子どもはねぇ、なにかしようと思ってもできないよ。先生よりもっとできないんだよ」

胸を衝かれた。陽気なばかりではないフミヤの姿が少し見えてきたようにも思えた。まず、「自慢？」という問い。これまで、フミヤが交わそうとしていた会話は、もしかしたらここで途絶えてしまっていたのかもしれない。「自慢？」と問われて、愉快になることはあまりないだろう。特に子どもからそう問われたおとなは。私も一瞬動揺した。ここで終わらせなくて本当によかった、と気づいたのは、私を責めながら、フミヤが本当に伝えたかったことは、「何かしたい」という思いなのだということに思い至ったときだった。

フミヤの語り口というものがある。それは「学校的」ではない。だから、伝えられずにきたことがたくさんあったのだろう。「暴力」は、ことばを奪われたフミヤのいらだちと痛みが漏れ出したものだったのではないだろうか。

その日に作った学級通信は、震災特集号とした。それから毎月、一一日前後は震災関連の内容にした。子どもたちは、「一一日」を忘れなかった。「被災地の子どもたちのことを知りたい」という思いも高まり、ドキュメンタリーなどを見て語り合う機会を増やしていった。

この頃、ヒロくんはまだクラスの語り合いにほとんど反応しなかった。「そんなことはいいから、早く授業を始めましょうよ」と言うこともあった。自分のことでは大騒ぎをするが、周囲のできごとにも、人にもあまり関心を示さない。そんなヒロくんに、「マイちゃんはいつもやさしいね」「フミヤくんはおもしろいことを言うね」などと話しかけるように心がけてみたが、返ってくることばは、「ああそうですか」だった。

4. 参加しはじめたヒロくん

パニックは続いていたが、その頻度は次第に低くなっていった。「周りの子は冷静な顔をしている」「静かに声をかける」「本人がいちばん苦しいのだということを忘れない」などを、「ヒロくんがパニクっているときに大事なこと」として、子どもたちと確かめあってきた。

また、本人も周りの子も分析的に見られるようにと、パニックに名前をつけたりもした。物を失くしたときの「ものパニ」、時間を気にしての「じかパニ」、順番にこだわる「じゅんパニ」、うまくいかなかったり負けそうになったりしたときの「まけパニ」など。

パニックがおさまってからヒロくんや周りの子どもたちと語り合うとき、「名前」は有効だった。「さっきのあれは、『じかパニ』だったね」と言うと、「そうですね。ぼくはちょっと時間にこだわり過ぎるところがあるんですよね」と、ヒロくんも次第に冷静に言えるようになった。

「ちゃんとしたいんだね。ちゃんとしなくちゃいけないって思いこんでるんだね、ヒロくんは」と言ったのは、タカヤ。ヒロくんへのマイの働きかけを見て、タカヤもよく声をかけるようになっていたのだ。五月に最初の班がえをしたときには、マイに手を引かれ何となく班におさまっていたヒロくんだが、六月の二度目の班がえのときには、初めて「タカヤといっしょになりたい」と自分から言った。

同じ頃、自閉症の兄をもつ小学生の姿を追ったNHKの番組「お兄ちゃんといっしょに」（番組名は「カラフル」）を教室で見た。「感想や作文はほとんど書けない。調べ学習も困難」と引き継ぎファイルに書かれ、母からもそう報告されていたヒロくんだが、「かわいそう。だってことばがうまく言えないから。自分の思っていることが伝えられないから」と、感想を書いた。それを学級通信に載せた。「しあわせそうでした」と書いている子の感想も載せた。「そういう見方もあるんですね。驚きました」と、ヒロくんは話してくれた。

しばらくするとヒロくんは、教室に置いてある漫画『光とともに…〜自閉症児を抱えて〜』（秋田書店）にはまった。全一五巻すべて読みきった後も、また読み返したりしていた。

「自閉症の子をもつ親は大変ですよね。よくわからずに差別したりひどいこと言ったりする人が、多すぎますよね」と、感想を聞かせてくれた。国語の授業で「おすすめの本」をポスターで紹介したときにも、ヒロくんが取り上げたのは『光とともに…』だった。友だちからたくさんの「感想カード」をもらうと、「うれしいものですね」と笑った。

「もしかしたら、ぼくは何かの障がいをもっているんですかね」と言い始めたのもこの頃だ。漫画の中の「光」と共通するところが自分にはある、それに通級指導教室でSST（ソーシャルスキルトレーニング）を受けているということは、つまりそういうことなのではないか、と。「どうなんでしょうね」と私は答えていた。

ヒロくんの変化は早かった。五月には「ああそうですか」だった反応が、あっという間に変わっていった。友だちといっしょに自分のパニックを冷静に振り返ることができるようになり、友だちの姿が見え始め、ことばが聞こえるようになると、彼の世界は一気に広がっていくかのようだった。

持ち物が机の周囲に常に散乱してしまうフミヤは、私のアイデアで「フミヤボックス」をいっしょに作った。「ご面倒かけますねぇ」「いやいや面倒も仕事のうちですから」などと会話をしながら笑い合うことができるフミヤは、ヒロくんのパニックにいらつくことはなくなり、「先生、始まったね。あれはものパニだね」と笑って言うようになった。「ちょっと見つからなくたって、そんなに一大事じゃないってことに、いつになったら気づくかねぇ」というフミヤに、「フミヤの『散らかしよう』はけっこう一大事だってことにも気づいてほしいけどねぇ」と私が答え、また二人で笑ったりした。

5. 語り合う子どもたち

六月二三日、国語の授業で「一つの花」を読んでいたときのこと。「まだ戦争がはげしかったころのことです」という文のところで、またリョウタがつぶやいた。

「あっ、今日は沖縄慰霊の日だ」

家で見るテレビはＮＨＫのニュースが中心で、「クローズアップ現代」も毎日見ているというリョウタ。家でもきっと話題になっていたのだろう。沖縄戦は、まさに「はげしく」「きびしく」「悲惨な」戦争だ。そこで、沖縄戦の話をし、「鉄血勤皇隊」を描いた短いドキュメンタリーをＤＶＤで見せた。ＤＶＤは、その日のために用意してあったわけではない。教室にはたくさんのＤＶＤが置いてある。しばらく前に録画したものもあれば、「昨日のニュース」もある。子どもといっしょに考えてみたい、と思ったものは、とりあえずとっておく。そんな中に、「鉄血勤皇隊」があった。フミヤは「見てられない」と感想を書いた。ヒロくんの感想には「悲しい」が何度も出てきた。

朝の会には、日直がその日までに原稿を書いてきて発表する「クローズアップ・ザ・ニュース」というスピーチのコーナーがあった。「自分の目で見たひさいち」「海水浴にも安全基準」「イタリア、原発にさよなら」など、震災関連に目を向けてスピーチを発表する子も少なくなかった。

七月、次のようなスピーチが発表された。

■松本ふっこうたん当大じんが岩手県や宮ぎ県の県知事にひんしゅくなことばをたくさん言ったらしい。「知えを出したところは助けるが、知えを出さないやつは助けない」また、「九州の人間だから、東北の何市がどこの県とかわからない」と言った。大じんとして、ものすごく失礼で、えらそうだ。なぜ大じんになったのだろう。日本のせい治はおかしい。けっきょくじにんしてしまったけど、わずか九日でやめるなんてと思いました。

このニュースを見ていたリョウタたち何人かは、「そうそう、ぼくもおかしいと思った。すごい頭に来た」などと即座に反応したが、見ていない子も多かった。そこで、「昨日のニュース」のＤＶＤを流した。しばらく語り合ったあと、感想を書かせた。

「言い方に気をつけてほしい。『知恵を出さないやつは助けない』などということを言っていたが、知恵を出すのは、せいふだと思う。それに、自分は客だとか言ってて、ほうもんしているんだから客じゃないと思う。サッカーボールも、けらないで手でわたしてほしい。その人を任命した菅さんも、責任あると思う。日本のせいふは、こんなんでやっていけるのだろうか」

「松本前大臣はひどい人だなぁーと思いました。だってひさいした県の人に対して、『ちゃんとしろよ』『がんばれよ』とかえらそうに言っていたからです。もし私がひさいした人だったら、すごいおこっていたと思います。それから、いろいろ言って、最後に『オフレコだぞ』とか言っていたけど、テレビカメラでさつえいして、テレビにながしていたから、ばれているのに、頭の中になにが入っているのかなぁと思いました。この人は、ばかだな、と思いました」

この感想を書いたユイには、知的障がいをもつ妹がいる。その妹のエピソードを時々楽しそうに話すユイの放つ「ばかだな」に、私は大いに共感した。

ヒロくんは、いつもの丁寧語も封印するほどに、大いに怒っていた。

「命令口調がひどすぎる！　国は国民を助けるべきだ！　松本大臣にはがっかりさせられだぞ！（記事を書いた社は）終わりだなんておかしいぞ！」

そして、フミヤは、例のフミヤの語り口で。

「いみがわからない。つーかひさいちに行ったのに、さいしょに『オレはおきゃくさんだ』かよ、ふざけんな。ちえをださないやつはたすけないなんて、ひさいち見たのにそのくちょうかよ」

私はいま、四年生の子どもたちと怒りを共有している、と実感した。

6.「With」～歩き出そう　ともに～

一〇月、後期を迎え、フミヤは「お笑い係」の一員となり、ちょっとシュールなオリジナルネタのコントを次々に演じてみせた。歌ったり踊ったりする子も出て来て、給食時間の教室は、ストリートライブ会場のようだった。

一一月に全市の学芸行事（学芸大会）を控えていた。学年教師たちは、夏休み前から話し合いを続けていた。震災のことを子どもたちと語り続けていきたい。それも自分に連なることとして。日常の中にあるトラブル、つらいこと、悲しいこと、それらを乗り越えていく過程、そこで見つけたことを大切にしながら。だれかを「励ます」のではなく、そうだ、「ｗｉｔｈ」、いっしょに歩き出そうという思い。そんな表現ができないか、と私たちは考え、『ｗｉｔｈ』～歩き出そう　ともに～」というタイトルを決めた。

それぞれクラスに持ち帰って子どもたちに話し、どんなことをどう表現したいか、話し合いをもった。私のクラスでは、「被災地の人たちのことを想像しながら、自分たちの不安だったことなども伝えられるものにしよう」「それを歌とダンスで表現しよう」ということになった。

リョウタたち学級委員を中心に、曲を決める話し合いが行われた。「おすすめ」の曲をＣＤやＭＤ、ｉＰｏｄなどに入れて持ち寄り、それをみんなで聴いて議論した。集まった曲は、新旧入り混じったアニメソング、Ｊ-ＰＯＰ、Ｋ-ＰＯＰ、ジャニーズ系など様々だった。フミヤもＵＳＢにたくさん入れて持って来た。

「嵐とかカトゥーンとかさぁ、いいんだけど、キーが合わないよね」

「『学園天国』ってさぁ、踊りやすいリズムだけど、その歌で何を表すの。テーマと合わないいんじゃないかな」

「モンパチの『あなたに』は、確かに歌詞がすごくいい。でも恋の歌だよね。それってどうかな。今回はそういうんじゃないいんじゃないの」

私「ほとんどが恋の歌だよ。解釈すればいいんじゃないの。解釈っていうのはね……（たくさんことばを使って説明する）」

「いいねぇ、『ええねん』。『サラリーマンNEO』だ……」

「そうそう、『サラリーマンNEO』、毎週見てる！」

私「えー、『サラリーマンNEO』見てるの？　あんなに遅い時間なのに……」

「録画でね」

AKBやジャニーズ系やアニメが大好きな子がいれば、モンパチ支持も「クローズアップ現代」の子もいる。そして「サラリーマンNEO」もいるんだなあ……と改めて子どもたちの顔を見まわした。

何日間にもわたって、時間をかけて、たくさんの歌を聴いた。聴いて語り合って……を続けながら、自分たちが表現したいことは何なのか、どんどん深まっていくのがわかった。

結局、歌は二曲、ファンモン、ファンキーモンキーベイビーズの「希望の唄」と、いきものがかりの「ブルーバード」に決まった。ファンモンはやんちゃのマナトの一押しで、自らラップを披露しながら、「大変なことがあったから、大事な人がいることに気づいたんじゃないの。この歌はぴったりだよ」と言った。

歌が決まり、それをどうつなげていくか、ことばはどうするか、ダンスのふりつけはどうするか、それらの話し合いは、チサやリョウタたち実行委員会で練って、みんなに提案して決めていった。

パフォーマンスは、次のようなセリフの後、マナトのラップをフィーチャーした「希望の唄」の歌とダンスへとつながっていく。

震災のニュースを見たとき／驚いて／不安になって／悲しくて／ひさい地の人のことが／とても心配

になりました／それから、子どもたちが書いた作文を読んだり／テレビのドキュメンタリーを見たりしました／たくさんの「さよなら」があったこと／たくさんの悲しみがあることを／知りました／そして私には／たいせつな人がいることに／気づきました

簡単なヒップホップダンスをＹｏｕＴｕｂｅでたくさん見て、チサやリョウタたちが中心になって考えたダンス。ラップだけでなく、ダンスも途中でソロを入れた。「希望の唄」がフェイドアウトすると、短いセリフのあと、二曲目の「ブルーバード」へ……。その冒頭も、インパクトを強くするためにソロでいきたいと考えた。オーディションで選ばれたのは、ユウカ。きれいな声だ。でも練習を始めてみると、「少し弱い」という印象だった。ここで実行委員たちと私はあることで迷い、「どうする？」と額を寄せ合った。とりあえず打診してみるか、とヒロくんを呼んだ。

「あのぉ、ソロをやってほしいんですけど、いや、でも君は危険なんだよねぇ」

「人を危険とはなんだぁ！　まあでも確かにそうですね。遠慮しておきますよ」

やはり不安がまさった。ヒロくんもそうだったのだろう。でも……。

「ダブルならいけるんじゃないか、もし直前でパニックになっていても……」

「ユウカもひとりじゃ不安だって……」

そうか。そうだな。私たちは決意した。クラスでいちばん高くてよく通る声をもっているのは、ヒロくんだ。それは間違いない。

「やっぱり爆弾使ってみようと思うんですけど……」

「人を爆弾とはなんだぁ！　……わかりました。やりますよ！」

本番、ラップもダンスも、そしてヒロくんのソロも大成功だった。そして、学芸大会のすべてが終わり、出演校の退場が始まったとき、ヒロくんの激しい「じゅんパニ」がやってきた。「なんでぼくたちの学校が後なんだぁ！　学芸大会をぶちこわしてやるー！」「もう終わったよ」「ぎゃーー！」

これが、「大きなパニック」の最後だった。後日、「いやぁ、やっちゃいましたよ」とヒロくんが笑いながらこのときのことを報告してくれたという話を、通級指導教室の先生から聞いた。

7．いじめ、いじめられの体験を語り合う

一一月の「人権学習週間」には、市の「子どもの権利条例」をテキストに「子どもの権利」について学び、その続きを一二月に行った。『わたしのせいじゃない―せきにんについて―』（岩崎書店）という絵本（ひとりの子どもが泣いているが、まわりの子はみな「わたしのせいじゃない」というストーリー）を大画面テレビに映し、読み聞かせた。

この絵本をとりあげた理由はいくつかあった。

「イラク戦争終結」をアメリカ大統領が宣言したことをニュースで知り、「終わってよかった」の思いと同時に、「あんなに多くの人々、子どもたちが犠牲になったのに、責任を負う者は、また誰もいないままか。おとなたちはみんなで『わたしのせいじゃない』と考えていないか。原発事故も同じことにな

らないか」という強い思いを抱いたこと。

さらに、この子たちは、三年生のときに「いじめ・いじめられ」体験をしているが、そのことを取り上げて語り合う時期がきた、と思えたこと。

ケンゴからは個別に「いじめられ体験」を聴いていた。きっかけは、本人が「もう忘れてしまった」と語るように些細なできごとだったが、「その前から毎日おもしろくなくて、ぼくはよく怒っていた」とケンゴは当時を思い起こしながら話した。次第にうとまれ、罵倒され、暴力も受けるようになり、たまらなくなって担任に話したが事態は改善しなかった。ある日、ケンゴは黒板の前に立ち、「このクラスは最低だ！」と叫んだ。いじめはますます激しくなった。

「いじめられていた」という子はほかにも何人もいた。フミヤもリョウタもタカヤも「いじめがたくさんあった」と話していた。

絵本を読みながら、子どもたちの小さなつぶやきを聴く。

「えー、ひどい……」「なんでそんな……」

「自分のせいじゃないか　その子がかわってるんだ　ほかの子はみんなふつうなのに」というページを読んだときには、

「いいじゃん、変わってたって。ぼくだって変わってるよ！」とヒロくんが叫んだ。でも、ひとことも発しない子がほとんどだった。

教室は次第に緊張に包まれていった。卒論執筆のために教室に来ていた大学生も息をのんでいた。ここには当事者が何人もいる、ということを私も彼も、子どもたちも知っていたから。

「感想を書こうか」……言い終わらないうちに、ケンゴが泣き崩れた。「自分のことと重なることがあったものね。ケンゴは、つらかったら感想は書かなくていいからね」と声をかけ、「みんなも自分のこととして考えてみてね」と言った。しばらくして、タカヤがゆっくりと手をあげた。

「ぼくは……いじめがあったことを知っていました。でも、助けたかったけど……助けられなかった……ごめんなさい」

途中からふるえる涙声だった。何人かが続いた。教室が涙でいっぱいになる。ケンゴも手をあげて、涙をぬぐいながら言った。

「ぼくは、別にみんな悪いとは思ってない。だってみんなやんないと生きのこれないからです」

胸に刺さった。とっさにことばがでてこなかった。そのとき、マイが何か言おうとして迷っているのに気づいた。マイが言おうとしていることを、私と数人の子どもたちは知っている。私も迷っていた。でも、マイは語り始めた。

「私も知ってたけど……私は……私は……」

「何にもできなかった?」……小さくうなずくマイ。少し間をあけ、私はマイの机の前に座った。静まり返った教室の中で、私は意を決した。声をひそめて「いじめちゃった?」と続けて聞く。マイはうなずき、机に突っ伏して泣いた。「よく言えたね」と私も涙をぬぐいながら、マイの頭を撫でた。

「つらい経験だったね。あんなことは二度としたくないっていう気持ちの人が、ここにはたくさんいる。でもね……でもいいの。子どもだから失敗することはあるの。そこから学びながら、大きくなっていくの……」

もっと言いたいこと、言うべきことはあったような気がする。でも、あとからあとからあふれる涙に、もうそれ以上言えなくなってしまった。

私はあのとき、おとなとして「あなたのせいじゃない」と言うべきだったのではないか、と今でも思っている。ケンゴにもマイにも。ヒロくんやフミヤにも。子どもたちからことばを奪い、語り合うことを奪い、「生きのこるためには……」と小さな胸を痛めさせ、「二度としたくない」つらい思いをさせてきた「学校」にいるおととして、「ごめんなさい」を言わなくてはならないのは、私だったのではないか。

「わたしのせいじゃない」と言い続けているのは、子どもたちではない。学校を、子どもが子どもとして生きていくことのできる場所にしていくこと、子どもたちと語り合い、学校が抱える問題を、「わたし」の問題として引き受け、「作り変える」仕事を続けていくこと。学校を「奪わない」場にしていくこと。

それがいま、教師に求められているのではないか。

私が出会った大人たち・子どもたち

見当外れの子守唄～ハルちゃん

「こわいのー！」と、マットの前でハルちゃんは泣き叫んだ。

みんなで前転の練習をしていた体育の時間だ。三年生の子どもたちは、やわらかい体で右に曲がったり左に曲がったりしながらも、とにかく「回る」のは楽しい、とくるくると回っていた。

そんな中で、ハルちゃんだけは体をかたくして立ちすくんでいた。くりくりとかわいい目をした男の子。会話はいつもかみ合わず、行動もトンチンカンだったけど、人懐こくて穏やかなので、クラスのみんなにかわいがられていた。そのハルちゃんが、いつものように左右柄の違う靴下を履いた足をふるわせながら、立ちすくんでいた。

「こわくないよ、ハル、オレが回してやるよ」と、いちばん仲よしのタケシが近づこうとすると、「やだ、やだー！」と叫んで走って逃げた。見たこともないような「恐怖」につかれた表情だった。

「だいじょうぶ。無理やりにしないからね。マットに寝ることはできる？　いもむしごろごろからやってみようか」と声をかけると、それも「こわい」と言う。

「だってハルちゃん、お布団で寝るでしょ。それで、あっち向いたりこっち向いたりするでしょ？」

「しないもん……。ハルちゃん動かないもん……」

教室にマットを持ち込んだ。コの字型に机を並べた教室の真ん中にマットをしいて、いつでも誰でも「ごろごろ」できるようにした。「ハルもいっしょにごろごろしようぜー」とタケシが何度も声をかけてくれて、ようやくハルちゃんはごろごろするようになった。前転ができたのも教室のマットの上だった。みんなで牛乳で乾杯した。ハルちゃんはクラスのアイドルだった。

ハルちゃんの「奇妙さ」がどこから来るのか、当時（三〇年前）の私には見当もつかなかった。前担任や学年の教師たちも「どうしちゃったんだろうね、あの子」と言うばかり。誰もがどうしていいのかわからずにいた。

ハルちゃんのママは、前年度ＰＴＡの役員をやっていたが、奇行の目立つ人でＰＴＡの中でも浮いていたと言う。五月の家庭訪問で話したときには「どうもかみ合わないな」と感じたが、ハルちゃんをかわいがっている様子だけは見てとれた、ような気がした。「ま、いいか」と思った。それからほどなくして、ママは家を出て行った。

パパはいつもにこにこしていて穏やかな人だった。「出て行った理由はよくわからないんですよね」と、ママの話をするときにもにこにこしている。「お家のことは……」と尋ねると、

「何とか私がやってますけど、帰りが遅いときもあるんですよね」

聞きようによっては「ひとごと」のようでもある。

「さびしくない？　おなかすかせたりしてない？」私はハルちゃんにいろいろ尋ねたが、返事はいつも要領を得ない。「さびしいときは電話してね」と自宅の電話番号を書いたメモを渡すと、時折電話を

かけてくるようになった。私の帰宅が遅いときは母が相手をした。

「今日は電話の向こうでずっと『森のくまさん』歌ってたよ。全然話が進まない『くまさん』でね、でも一生懸命歌ってるハルちゃんの声聞いてたら、涙が出ちゃったよ」と、母が話してくれるのを聞きながら、私も涙した。ただただ、不憫だった。

「夏休みはどこか行くの？」とハルちゃんに尋ねると「どこも行かないよ！」と元気に答える。「私の研修旅行に連れて行ってもいいですか？」と、おそるおそるパパに申し出てみたら、「お願いします」とにこにこ顔で言われた。県民教が行われた温泉地に、ハルちゃんを連れて行った。ケーブルカーに乗り、温泉に入り、遊覧船に揺られた。夜は「子守唄」を歌って聴かせた。

しばらくするとハルちゃんのママは帰って来た。なにやらあやしげな宗教に入ったらしく、ますます様子がおかしくなっている、と近所の人が教えてくれた。「ママね、おうちでずーっとお祈りしてるよ」とハルちゃんも教えてくれた。ハルちゃんの靴下は、また左右柄違いになった。

それから六年までずっとハルちゃんを担任した。相変わらずトンチンカンで、相変わらずアイドルで、クラスのみんなに愛されながら、ハルちゃんは卒業していった。でも彼はあの教室でいったい何を学んでいたのだろう。私はいったい何をしていたのだろう。

温泉の宿で「子守唄」なんか歌ってる場合じゃないだろ、と当時の私に、いまの私は語りかける。

あれからハルちゃんはどこへ行ったんだろう。見当外れの子守唄なんて、きっと思い出さないだろうな、トンチンカンは私だったんだ、とちょっと苦い思いがこみあげてくる。ごめんね、ハルちゃん。

分断と不信を越えて——六年二組の一年間

1．四月の六年二組

男は男、女は女、そして「菌」は「菌」、ということなんだな。

学級開きの日にそう悟った。集合写真を撮るために並ぶまでにひどく時間がかかり、右と左に男女がくっきり分かれ、その真ん中で菌と言われてきた子たちだけが、にこにこと笑っていた。

その半月前の卒業式。五年生の歌声があまりに小さいことに職員一同驚いたが、それは決して意外なことではなかった。四年の後半には、授業が成立しなくなっていたクラスが複数あった。「強い管理」と「(教師が決めた)正解を求める授業」をすすめてきた教師(カンの担任)のクラスの子どもたちは息をひそめるようにして耐えていたが、他のクラスは教師反抗と授業不成立の状態だった。そして、他学年から見てもはっきり分かる「いじめ・排除」があった。

当時の児童指導部会では、部会に参加していた四年の若い担任から聴き取りをくり返し、改善のために必要なことを私も含め何人かが提案してきたが、それは学年教師たちに受けとめられず、功を奏すことはなかった。

六年になった彼らを担任することになったとき、「そんな理不尽な……」という思いをなかなか払拭することができなかった。五年生の一年間を経たとはいえ、編制替えした学年の子どもたちの状態はほぼ四年終了時に戻っていた。

こんなによそよそしく、教師に対しても、同級生どうしでも距離を置いている六年生を見たことがなかった。

斜めに見上げる目、くすくす笑い、こちらを見ながらの囁き合い……そういった、敵意を感じさせるしぐさや声から、まず、教師が好きではないんだな、と悟った。私ではなく、教師が。それならそれで……と、思いきって意表をつく自己紹介をしてみたが、大空振りに終わった。「笑わせよう」と少し自虐的に表現したところに返ってきたのは、無表情と無言。そもそも教師は嫌いで、親しくなるなんて選択肢はないんだな、ということも分かった。予想以上だった。

委員会や係を決めるときには、とにかく「何がいちばん楽か」を大声で言い合う。体育係を決めようとしたら、希望者が誰もいない。「準備とか片づけとか面倒だし」「それはみんなでやればいいじゃない。声をかけてくれればいいんだよ」「それも面倒くさい」「準備運動はどうする？」「先生がやればいいじゃん」……なるほど。そういうことか。まだ「どういうこと」か十分にわかった訳ではなかったが、学校もそんなに好きじゃないんだな、ということは伝わった。それを伝えたいんだな、ということも。

そして、子どもたちは、見事に分断されていた。男女は対立し、「菌」と呼ばれる子たちは男女どちらからも排除されていた。

体育の時間、「二人組になって」と言うと、「相手がいません」と男二人、女一人が言いに来た。後述するシュウとナオヤとカエだ。

「じゃ、次は男女混合で四人組で……」と言ったときの空気の冷え方は尋常ではなかった。レンは、

「ふざけんなよ。そんなことできるかよ！」と言って壁を蹴った。

「えっ、そこまで……？」と内心あきれ返ったが、事を荒立てるのを避けて、「ああ、ごめん。じゃあここから男女別にします」と答えた。「嫌い」な相手に、「苦手なこと」を指示されたくはないだろうな、と。ただ、「嫌い」も「苦手」も「いまこのときの感情」に過ぎないし、レンは達弁で声も大きいけれどそれがみんなの意思を代表している訳ではないだろう、レンの本心とも限らないだろう、とも考えていた。その分断や教師不信はいつから？　なぜ？　察しはついていたが、早いところことばにさせた方がいいような気がした。

国語の授業で「大人は分かってない」と思った体験を書かせた。四年のときの体験を書いた子が多かった。すさまじかった。当時の担任に対して「死んでほしい」というほどの恨みをもっている子もいた。「あれからずっと、教師というものはいやなものだと思っている」と冷静なことばではっきり書いていたのは、レン。そうか。わかった。気をつけます。そんな気持ちだった。

2. ひとりぼっちたちと語り合う

五年から六年に上がる時に「同じクラスにしないでほしい人」の名前を二〇人も挙げていたのは、シュウの保護者だった。特別支援級在籍のシュウは、四年のときに声変わりした。顔にはにきびがたくさんある。吃音で意味不明なことを言うということも理由に、「気持ち悪い」と避けられてきた。避けるだけでなく、直接汚いことばを投げつける子たちもいた。「二〇人」はそういう子だとのことであった。

いつもひとりでいるシュウに私はさかんに話しかけた。無表情でスルーされてしまうことが続いたが、シュウは誰よりも背が高いので、試しに「わあ、進撃の巨人だぁ。食べないでぇ〜！」と声をかけてみると、「先生はおもしろいのでかんべんしてあげます」と答えてくれた。ジョークが通じた、と私はうれしくなったが、そのとき「オレも食べないでくれ〜！」と合わせてくれる子もいたのだ。やさしい「巨人」は、みんな「かんべん」してくれたけど、それ以来、「食べるぞ」とふざけるようになった。次第にシュウはユーモアたっぷりの子だということを私と周囲の子たちは理解していった。

胸に大きく「横須賀」と書かれたTシャツを着てきたときには、何人もがいじった。

「なに、もしかして基地好き？」

「基地っていうか、軍艦とか戦争とか」

「えーっ、戦争が好きなの？」

「好きじゃない。やるのは好きじゃない。興味がある」

「そうか。そういうことってあるよね。好きじゃないけど興味がある」

こうして私と子どもたちはシュウについて少しずつ知っていった。「天皇陛下バンザイ！」と叫びながら朝礼台から飛び降りたときには、思わずのけぞってしまった。

「なにそれ、どこで知ったの？」と聞くと、

「こういういやなことが昔はあったんですよ」とシュウは答えた。そして、特攻隊の話を始めた。そ

れはとても悲しいできごとだったのだ、と。

後日両親から「戦争の話を聞きたがる」「基地に連れて行ってほしいとよく言われる」と聞いた。シュウと話していると、次第に周囲に人が集まるようになり、「シュウはほかの人が知らないことを知っている」「シュウはおもしろい」が定説になっていった。

ナオヤの母親からは、「お前はあっち行ってろ、とナオヤが複数の子から言われた。今年もまたさっそくいじめが始まってるじゃないですか。ずっとくり返しています。何とかしてください」と書かれた連絡帳が四月二週目に届いた。

「ナオヤ空気読めなさ過ぎー」ということばはよく聞かれたが、私も「そうだな」と思うことが何度もあった。話の腰を折る、先に言ってしまう、「なぜ今?」という場面で吹き出す。そんなナオヤが、「川崎の中学生いじめ自殺」についてのＤＶＤを見ているとき、「ぼくも四年のときからずっと『ナオヤ菌』て言われてた」と唐突に言った。驚いて「そうだったの。それはつらい体験だったね」と言うと、はっとしたように顔を上げて、「ああー、はい、まあ確かに……」とあいまいな感じで答えた。ひとりごとが口をついて出てしまうタイプなんだな、と知った。周りの子たちは「知ってるよ」という顔をしていた。ナオヤは、後述する討論を中心にした学びで、博識ぶりを発揮し、人権が守られないのはなぜかといった課題に鋭い意見を発表して、次第に周囲からの見方を変えていった。そして、アニメやゲームなどの趣味を同じくする友だちを得ることができた。

カエからは「○○さんがこわい。廊下で通りすがった時にすごい目で私をにらんでくるんです。助けてください」という訴えがあった。カエは、その後「先生、聴いてください」と泣きそうな顔で、五年の時にどんなにひどいいじめにあったかを伝えてくれた。

ただ、「先生、カエって被害妄想だし、話がかみ合わないことが多くて疲れるから気をつけた方がいいよ」とアドバイスしてくれる子たちもいた。確かに、カエの話は辻褄が合わないことが多い。いきなり高い声で笑ったり、泣き出したりもする。

「カエといっしょの班になるのって、きつい……」と言う女の子たちに、「それじゃこうしない？　一年間のあいだに、全員一回はいっしょになる、ってことでどう？」と提案すると、「それなら……」と受け入れられた。同じ班になってみると、カエの「おもしろさ」も発見されて、カエは少しずつ女の子たちの輪の中に入れるようになった。

四年、五年といじめられ、排除されてきたこの子たちと対話のできる関係をまず作らなければ、と考え、当初は意識的に声をかけ続けた。かみ合わないことが多かったが、その「かみ合わなさ」から、私も他の子どもたちも少しずつ気づいていった。それは悪意じゃない、ということに。

3.「知るかボケ！」の意味は……

六年二組の課題は、もちろんそればかりではなかった。「オレたち」「うちたち」「あたしたち」の、危うさも含みながらではあるが一見親密そうなつながりはあるが、それはそこで閉じていて、互いに交流することはほとんどなかった。そして、どこの「たち」にも入れないシュウとナオヤとカエがぽつんといたのだ。

そんな中で、「知るかボケ！」が口ぐせのタスクと転入生のルカだけが、軽やかに人とつながろうとしているように見えた。

タスクは、ほぼ一日じゅうことばを発していたし、動き回っていた。

「知るかボケ！」「キモ！」「意味わかんねー！」「お前くんなよ」……発することばの種類はそう多くはない。授業中もずっと声を出しているので、「質問があるならどうぞ」と言うと、「ねえよ」「じゃあちょっと静かに課題に取り組んでみようか」「やりたくねー」……と、こんなやりとりになる。五年の時の担任は、授業妨害をする子は何人もいたけど、タスクがいちばんひどかった、とふり返っていた。

でも、休み時間になると、「遊ぼう」と男の子たちに声をかけまくる。どのグループも関係ない。放課後の遊びの約束を懸命にとりつけようともする。「今日遊べる？」もタスクが毎日発していたことばだ。

社会の授業で、例によって「意味わかんねえし！」と大声で笑いながら言ったときは、珍しく同調する笑いが出なかった。「レキシとか意味わかんねえし」というタスクのことばに、「あれ？」という空気が流れたような気がした。歴史の授業を楽しみにしている子たちは、何人もいた。タスクの「意味わかんねえ」はもしかして……と私は思ったし、同じことを考えた子が複数いたことも後からわかった。

後日、放課後にタスクと頻繁に遊んでいたリョウが、笑いながら教えてくれた。

「『知るかボケ！』ってさ、あれ、本当に『知らない』って意味なんだよ。タスク、知らないこと多すぎて、いつも不安なんだよ」

やはりそうか。それからは、「意味わかんねー」にていねいに答えるようにした。

「何とか時代って何だよ。ジダイとか意味わかんねー」

「あっ、そこね。時代、説明できる人いる？」

「そこかよー」と笑いながらも、レンやタイスケやノブが、説明しようと努めた。

「そこか？」と言われて、「だってそんなことば聞いたことねえし。お前らあんのかよー」と言いながら、レンたちが教えてくれることに安心したのかタスクの表情はどんどん穏やかになっていった。「ねえ先生……」が授業中の口ぐせになった。タスクの「どういう意味？」と「なんで？」は、聞きたくても聞けずにいた他の子たちにも、大いに救いになったに違いない。

さらに、タスクの屈託のなさは、表情に乏しい子どもたちに笑いをもたらしたし、タスクを介してつながる子たちが次々に出てくることにもなった。

4．仲のいいやつばっかりでいいの？

班は、名簿順の班、ゲームで作った班を経て、第三次班では「自分たちで声をかけ合って作る班」にすることを提案した。四月末のことだ。子どもたちは「よく意味がわからない」という顔で、あっさり提案に賛同した。

実際に班をつくる前に、代表委員のレンとノブ（レンは「教師の思い通りのクラスにしたくない」という理由で、ノブは「とにかく楽しいクラスにしたい」という理由で代表委員になっていた）と相談した。レンは、誰よりも教師不信が強く、「学校の授業は退屈」と感じている子だが、人なつこく「熱い」面もあった。前述したように、初めての体育の時間に「男女混合四人組」に激しく抵抗したのも、レン。ノブは、「まあいいじゃん。楽しくやろうぜ」と軽いノリで言うが、本当に「楽しく過ごしたい」という思いの強い子。

わたし「班の条件はどうする？　男だけ、女だけもあり、がいいかな」

レン「今のクラスの状態だと、それ、喜ぶやついっぱいいるよな」

ノブ「そうかな。一瞬喜ぶけど、それだとクラスがどんどんばらばらになるんじゃね？」

レン「確かに。女はどう思ってんだろうな」

そこで、ホナミとサエとヒナを呼んで聞く。三人とも「男女いっしょがいい」という考えだった。

わたし「いいんじゃゃない？　お互い誰と合うのか、少し分かり始めてるところみたいな気がするよ」

レン「でも、仲のいいやつばっかり集まってもなぁ」

レン「えーッ。そういうの絶対ダメって言われ続けてきた。なんでそれでいいわけ？　授業、乱れるよ」

ここで、班で親しくなるということをくり返して、全体の親密さを作っていく時期だと思う、ということを話した。何よりもレンたちとホナミたちの間に親密さを作り出したかった。それは彼らの望みでもあっただろう。
レン「でも、ナオヤやカエと組むやついるかよ」
わたし「カエは大丈夫。女の子たちと相談済みだから。ナオヤはちょっと分からないなぁ」
ノブ「様子見て、一人になりそうだったら、声かけようぜ」
レン「いっしょになろう、って？　オレやだよ」
ノブ「いや、ほかの人に、いっしょになれば？　って」
第三次班ができた。まずレン、ノブ、ヒカル、ホナミ、サエ、ヒナの一班。クラスのトーンを作っているアスリート系が集まった形だ。望み通りの班に大満足だった。運動会の取り組み中だったこともあり、レンたちの班は、ここで急速に接近する。
気になっていた子たちも、それぞれ班におさまった。
五班では、カンとルカが接近する。転入生のルカは、教師不信といじめ・排除、男女の分断で荒んでいたこの学年の過去を知らない。多才で話題の豊富なカンとルカを中心に、五班は会話が盛り上がり、笑い声が絶えなかった。放課後や休日に班のメンバーでいっしょに遊んだりすることもあった。カンの「介助員さんにキレる」というできごと（後述）を経て、結びつきはいっそう強まった。
二つの班で生まれてきた親密さは、これから学級を変える原動力になるのではないか、私はそんな期待を抱いた。だが、「分断」状況は、そんなに容易に乗り越えられるものではなかった。

5. キレてもいいよ

四年のときには我慢に我慢を重ねていたカンが激しくキレるようになったのは、五年になってからだという。六年になってもキレて暴力をふるうことが続いた。

カンが六年になって最初にキレたのは、給食時間のちょっとした行き違いから。大きな音がしたあと、周囲の席の子たちがごそごそと椅子と机を動かしてよけているときに、気づいて近くに行くと、タスクが倒れていた。椅子ごと倒れたタスクの腹に顎に鋭い蹴りが何度も入る。血の気が引いた。すぐに止めに入ったが、そこで手を貸してくれたノブやヒカルも含めて、周囲の反応は「また始まったよ」という感じ。五年の時には担任にもパンチやキックをしてしまったそうだ。

「あ~あ、同じクラスになっちゃったよ、サイテーだな、って思った」と女の子たちは冷めた感じで言う。カンが運動会の応援団長になったときには、

「四・五年生は知らないから選んじゃうよ。迫力あるもん」と不満気だった。

五月には、併設されている特別支援学校分校の介助員さんを相手に、キレてどなりまくった。

体育館そうじをしていたカンたちは、「体育館の鍵を閉めて中で遊んでいた」と、介助員さんに注意された。カンは、「はあ？　やってねえし」「うるせぇ！」と言い返した。「目がすごいギラギラしてて怖かった」とコトノが後から報告してくれた。介助員さんもいろいろ言い返したらしい。その後、ギラ

ギラを少し残したまま、「すんげえ頭来たんすけど……」と私に言いに来た。いっしょにそうじをしていたコトノやタイスケたちは、静かに「カンに理がある」と言った。

彼らの言い分を聴き取って、「分かった。放課後大人どうしの話をする」と約束した。大人どうしの話には、分校のほとんどの教師と介助員さんの数人が参加してくれた。当事者である方は帰られたあとだったが。まず、聴き取った事件の経緯と誤解があったのではないかという子どもたちの見解を伝えた。さらに、カンが「大人不信」になった経緯、「決めつけられる」ことに対する怒りの由縁なども話し、和解への道をさぐった。

和解は、「なかったことにする」のではなく、事実を共有し誤解はとき、双方の思いを伝え合うという形で作り出したいと提案し、合意ができた。それを私はカンたちに、分校の教師たちは介助員さんに伝えることにした。

翌朝、「先生、どうなった？」と聞くカンたちに、そのままを伝えた。そして昼休み。八人の子どもたちと私で、分校に赴く。どきどきする、とカンが胸を押さえる。大丈夫だよ、と周りの子が励ます。

「私はコーディネーターで、解決するのはあなたたちだよ」と話すと、

「オレが最初に大人に対して失礼だったことを詫び、カンの言い分も言えるところまで言ってみる」

と、タイスケ。

「いや、いいよ、自分で言うよ」とカン。

「でもカンはキレちゃうかもしれないから、オレが言うよ」

「いや、私（コトノ）が言うよ」といったやりとりを聞きながら、私は「あなたたちの選択を尊重するからね」と言った。

前日互いにきついことばで言い合った介助員さんと対峙し、最初にことばを発したのはカンだった。

「失礼なことを言って、ごめんなさい。反省しています」

そこからタイスケとコトノが図を描きながら昨日の出来事を再現する。そして、「ぼくたちは誤解されたのではないでしょうか」と静かに言った。それまでに大人たちの合意を受け止めていた介助員さんは、言った。

「確かに私が誤解していました。そしてきついことばでそれをあなたたちに伝えてしまいました。カンさんのことばによってさらに怒りを覚えたことも事実です。よく確かめなかったことも、怒りにまかせてどなってしまったことも、よくなかったと思っています。ごめんなさい」

それを聞いてカンも重ねて謝罪した。

「いやぼくこそ本当にすいませんでした」

教室に戻り、関係したすべての子たちから、クラスのみんなに報告した。

「誤解がとけてすっきりした」

「言いたいことをちゃんと言えて、介助員さんもしっかり聴いてくれたのでとてもうれしかった」と。

「よかったねぇ」「ほっとしたぁ」という反応が返ってきた。

カンが、「キレる自分」と本気で向き合い出したのはこの頃からだ。それからも何度も暴力をふるってしまうことはあったが、次第に「なんでオレはキレるんだろう」「なんでキレるときと我慢できるときがあるんだろう」と自問するようになった。その問いを、私も子どもたちも、共有した。

「先生、オレさぁ、こんなにキレるやつで、ほんと、ごめんなさい」と言われた時には、「いいよ。キレたっていいよ。そんなのカンのせいじゃないんだから」と急いで答えた。本気でそう思っていた。

ある日の放課後、下校してしばらくしてからカンが学校にやってきた。一組のマサを殴りにきた、と言う。「マサ見つかんねー！」と興奮しているので、殴りたい訳を聞くと、

「シュウをばかにした、シュウの歌とか言ってばかにする歌をうたった、ぜってー許せねーし。学校から帰る時はノブが間に入ってくれたから何とかこらえたけど、家に帰ってお父さんに話したら、そんなやつは殴ってこいって言われた、だから殴りに来た、先生、マサを殴らせてくれー！」

それから三〇分ほど語り合った。私はカンの「殴りたい理由」に共感した。

「カンの気持ちわかるよ、私だって殴りたいやついっぱいいるよー、シュウをばかにするなんて許せないよ」と私がマジモードになってきたあたりで、

「先生、聴いてくれてありがとう、なんかすげえすっきりした」と帰ろうとするカンに、「殴りに行くときはいっしょに行こう」と言うと、「うぃっす」と笑顔で答えた。

翌日の朝、マサの担任が「カンがひどく怒っている」とマサに伝えた。マサはおびえきって昇降口でカンを迎え、平謝りだった。カンはマサをにらみつけながら、「二度とやるなよ」とだけ言ってその場

を去った。

ことの経緯を知った子どもたちは、「カンらしいな」と笑った。

何年もいっしょに学校で過ごしてきたけれど、子どもたちは互いを知らなかった。顔と名前と「なんだかキモい」「キレやすくてうざい」という印象をもつだけで、たとえば「シュウはユーモアがあって話すと楽しい」「カンには実はカンなりの正義感があって、熱いやつなんだ」といった個別具体的な相手のことを何も知らずに来た。彼らはずっと出会うことを奪われて来たに違いない。

6．クラスピラミッドで乗り越えようとしたもの

五月。運動会の組体操でクラスピラミッドをやらせたい、と提案したのは、一組の三〇代のＫ先生だった。

「いや、無理でしょ」と私は即座に言った。

「分断されまくっている学年だよ。ほとんど会話をしないどころか、そばに寄ることすら拒否する子もいるんだから……」

「いや、だからこそ、ですよ。乗り越えるための一つの機会にしたいんですよ」

もちろん本心では「やってみよう」と考えていた。でも相当な困難に直面することは容易に予想できた。特に、四組・二〇代の女性の先生のクラスが危ぶまれた。そこで、担任四人で作戦を練った。

まず一組。K先生が、「去年の六年生、かっこよかったよな」とちょっと鼓舞したりもしながら説得し、できるところまでやってみる。そして、もしできたら、次の練習の時間、一組が披露する。それを見て他のクラスがどう反応するか……。「賭け」でもあった。

翌日、授業中にK先生が二組の教室の戸を小さく開けた。指でOKマークを作っていた。私も親指を立てて答えた。

組体操の学年練習の時間になった。一組がクラスピラミッドを作って見せる。ざわつく。

「おいおい、なんで一組だけなんだよ。オレたちもやろうぜ！」

と真っ先に声を上げたのは、負けず嫌いのレンだった。他のクラスも「こっちだってできるよな」という空気になっていた。私たち学年教師四人は心の中で快哉を叫んでいた。

それから、予想された困難はもちろん次から次へとやってきた。男の背中に手を乗せられる女は誰と誰か、シュウとカエとナオヤの上下左右を誰にするのか、絶対隣り合わせにできないのは誰か……。取り組みの中で私にも子どもたちにも見えてきた課題がたくさんあった。

「ナナね、シュウの上でもいいって言ってたけど、シュウの背中に手をつかないように左手浮かせて、右手だけでぶるぶるふるえながら耐えてたよ」

「ナナは言えないんだな。まだ無理だ、ってこと」

「無理させないようにしよう」

「じゃ、ホナミがそこに入る。ホナミはもういけるよ」

「ダイがカエと肩くっつかないようにがんばってたよ」

「えー、ダイもかぁ。ああでもオレもちょっとカエは無理だなぁ」

この頃、そんな話をよくするようになったのは、レン、ノブ、ヒカル、サエ、ホナミ、ヒナらの一班の子たちだ。レン、ノブ、ヒカルは学年でいちばん人数の多い男子グループ（サッカーと野球）に所属する子たちで、サエ、ホナミ、ヒナはみなリレー選手だ。いずれも運動会にかける思いは熱かった。

彼らを中心にクラスピラミッドは何度も並び方を変え、「成功させたい」の思いから「こだわり」（実は分断と排除）を少しずつ乗り越えていった。

技自体はそれほど難しくないクラスピラミッドは、本番でももちろん成功した。ＢＧＭはゆずの「ヒカレ」。決めポーズでは「ヒカレー！」とみんなで大きな声で歌った。その歌声には「乗り越えた」の思いが乗せられているかのようだった。事情を知る親たちから喝采を浴びた。

騎馬戦の白組大将を決めるとき、サエはノブに負けて泣いた。ノブは、「ごめん。本番、おたがいにがんばろうな」と手紙を書いてサエに渡していた。

サエの騎馬は一騎打ちで八連勝し、赤組大将のヒカルも大熱戦を演じて会場を沸かせた。ノブはリレーのアンカーとして、ホナミから受けたバトンを握って颯爽と走り、得意満面でゴールテープを切った。

カンは応援団長、レンは副団長として優勝旗と優勝杯を受け取った。

彼らを中心に、少しずつ前向きなムードがクラスに広がり始めた。

7. つながりはじめる

運動会を経て、アスリート系たちを中心に男女合わせて一〇人前後が親密になっていった。私の周りに集まって、「学級地図」をいっしょに描いたりもした。

最難関の私立中学を目指す受験生であるレンにとって、学校の授業は退屈でたまらないものであるらしかった。ほとんど知ってることだし。歴史エピソードは塾の先生が語るものの方がおもしろいし。机に半分伏せた姿勢で、レンはいつもだるそうだった。

でも、討論の場面ではいつも論客だった。クラスの課題を分析するのも得意だった。「上から目線」の物言いに反感を持つ子も多かったが、このグループの子たちはレンに「いい加減にしろよ」と言うことができた。

彼らの「親密さ」は徐々に学級全体に広がっていった。初めて男女いっしょにトランプをするようになったのも彼らで、それは夏休みが終わってからのことだったが、「いちばん冷やかしそうな人たち」がやっているのを見て、他の子たちもおずおずと「男女いっしょ」に足を踏み出していった。

前期はレンとノブが務めた代表委員を、後期には「そういうことやるのずっと避けてきたけど、なんかやりたくなってきた」と言ってホナミとヒナが引き継いだ。本当の願いを実現できるかもしれない、と希望を持ち始めたのだと語ってくれた。そして学級集会をいくつも企画・実行し、互いに関わり合う場面を作り出していった。

Jリーグのジュニアチームに所属するヒカルが海外遠征に行くときには、みんなで壮行会を開いて盛り上がった。

「AERA」の取材チームが教室に来たときには、「オレたちのクラス、取材されたんだぜ」と、レンが誇らしげに他クラスの子たちに話していた。いや取材対象は私だったのだが。

とにかく「オレたちのクラス」という意識は芽生え、ふくらみ始めていた。

8．学級討論会と「ニュース」をめぐっての討論

六年の学年教師たちは、学年当初から毎日子どもたちのことを語り合っていた。排除と差別を身体化しているかのような様子はどのクラスも同様で、毎日どこかのクラスで、事件が起こっていた。四組では教師反抗も見えてきていた。専科の教師たちも大変な思いをしていた。

六月。四組の担任の欠勤が続いた三日目。給食時間に暴力事件が起きた。専科のS先生が止めに入り、「やめなさい」と言うと、「うるせえ！　何にも知らないくせに口出すな！」と、キレまくった子が叫び、途中から涙声で、「教師はいつもそうだ、知らねえくせに……」と止まらなくなってしまった。「教師はいつもそうではない」ということを、その指導で懸命に伝えてきたS先生なのに。いや、そういうS先生だからこそ、訴えたかったのかもしれない。

中学年の頃に伝えられなかった子どもたちの不満や不信感を、受け止める日々が続いていた。理不尽だなぁという思いはなかなか拭えなかったが、ここでも「受け止めない教師」に出会っていたら子どもたちはどうなっていたのか、と語りあいながら、何をしたらいいのかを探りあった。

とにかく子どもの話を聴こう、子どもたちが互いに関わりあう機会（いろんなしかけ）をたくさん作ろう、授業研究をできる限りやろう、教材開発をしたら紹介しあおう……そうだ、「教材かご」を作って、ここに入れておくことにしよう。そう決めて次々にアイデアを出しあった。

六月には、学級討論会を数回にわたって行った。論題について賛成・反対に分かれ（自分自身の考え）、同じ立場の人どうしで三人程度のグループを作り、グループで話し合う場面と全体討論をくり返す、という形だ。

「宿題を忘れたら教師は何かしらの罰を与えた方がよい」という論題で行った討論会では、「罰がないと緊張感がなくなってみんなやらなくなる」という賛成意見に対し、レンが「宿題をやるかやらないかは自己決定。教師が介入する問題ではない」と反論した。サエも「宿題は自分のため。忘れたのは自己責任だから、罰は必要ない」と「反対」の論陣を張った。「罰なんかやだ」という簡単な理由で、宿題を忘れがちなタスクたちも「反対」する中、ショウタが立った。

「レンやサエの意見は、できないやつは見捨ててもいいといってることといっしょだと思う」

「なるほど、そういう考え方もあるか……」とつぶやいたのは、レン。賛成か反対かを越えて、集団的に思考が深まっていくことの面白さをいちばん実感していたのは、レンだったかもしれない。

「クローズアップ・ザ・ニュース」（日直がニュースを書いてきて、自分の感想も含めて発表し、それについて意見を交わし合う）では、さまざまな話題がとり上げられた。

中学生が、修学旅行先で被爆者で語り部である人に「死にぞこない」と言ったというニュースでは、「なぜそんなことを言ったのか」をともに考えた。

「原爆のひどさを知らないから」

「何か不満を抱えていた子たちだったんじゃないか」

「だからといってそんなこと言うのはひどい」

「学校で事前学習をちゃんとやってないんじゃないか」

「その子たちだけの責任とも言えないか……」

そんなふうに、広がったり深まったりした。

七月、日直のケイタとチナツが持ってきたニュースは、どちらも「集団的自衛権行使容認」だった。「首相はせんそうはおこらないっていうけど、本当に大丈夫か心配」とケイタ。「政府は、国民のいろいろな意見を取り入れて、もっと時間をかけて決めた方がいい」と、チナツ。これにはいくつかの賛同意見が続いた。

討論になりそうな時には、別の時間に再度話し合ったり書いたりした。

ＦＩＦＡワールドカップ開催中には、ドログバはなぜコート・ジボワールの英雄なのか、オシムとジェコとミシモビッチをめぐる民族問題とは何か、など様々なテーマが取り上げられた。

ブラジル大敗の後の暴動をとり上げた討論では、「経済が安定していない中で、復興の期待があった」「ペレもロナウジーニョもネイマールも、みんな貧しさの中から成功した」「サッカーは希望だった」「でも、暴動はやり過ぎ」という意見が続く中で、ケイタの発言が注目を集めた。「そもそもブラジルでは、ワールドカップを開くことに反対している人たちがいた。ワールドカップのためにたくさんの税金を払った。本当は教育費などのために使いたかった。ぼくはその人たちの考えに共感していた」

周りにつられやすく、しばしばぼーっとしたりおしゃべりしていたりしては、話を聞き逃し、「いま何て言ったの」と聞き返すケイタだったが、「あいつ、スイッチが入ると鋭いな」と、子どもたちは「ケイタ観」を変えていった。

ケイタだけではない。こうして子どもたちは何度も「出会い直し」をした。「わたしたちの生きている世界で起きていること」の発見は、教室の中にいる友だちの発見にもつながっていった。

「後藤健二さん殺害」が報告されると考えられた日には（実際報告された）、毎日新聞の「余録」を印刷しておいた。それを読むと、「でもさぁ、後藤さんは危ないところに自分から行ったんでしょ」と、タスク。

「そこが危ないということは、そのことを伝えてくれる人がいるからこそ分かるんだよね」と私が言うと、

「そこが危ないということ、危ないところに住んでる人たちがいることが問題なんだよ」と、ヒカル。

そこから語り合いはまた深まっていった。

9. 総合「いろんな人がいる」

六年全体で「いろんな人がいる」という総合の単元も立ち上げた。『ジロジロ見ないで～〝普通の顔〟を喪った九人の物語～』(扶桑社)という本を使って、「容貌障がい」の人を取り上げた学習から入った。「気持ち悪い」と避けられてきたシュウや一組のヨシト(筋力が弱く奇妙な歩き方をする。よく口を開けてぼうっとした顔をしている)ら「避けられ、排除される者」の思いを想像すると同時に、それでも心豊かに、人とともに強く生きている人たちの姿を知ってほしいと願った。

『ぼくたちはなぜ、学校へ行くのか』(ポプラ社)を読んでマララ・ユスフザイさんについて知ったのは、マララさんがノーベル平和賞を受賞する以前のことだった。児童労働、LGBT、ホームレス、少年兵、アパルトヘイト、震災など、多種多様なテーマを取り上げた。

レンは、これらの学びの中でいつも論客だった。ときに「これは難しいなぁ」と頭を抱えることもあった。

「大川小学校の校舎は残した方がいい」というテーマで討論をしたときにも、考えこんでいた。前日、大川小関連のDVDを見せてあり、その日は私が震災の年に訪れて撮ってきた中浜小と山下第二小の写真を見せた。いま大川小がどういう状態なのか分からないと判断できない、とレンが言うので急いでネットで探して大川小の写真も見せた。討論会には賛成も反対も、決めがたいも、私は当事者ではないから……という見解もあり。なんだかさっぱり分かんないけど大事な話なんだろうなぁといった顔の子たちも、それなりに参加。校舎を維持するお金をもっと現実的な復興のために使った方がいい、という意見のあと、その前にも一度言おうとして「いや、まだだ」と引いていたカンが、いきなり立ち上がって、吠えた。

「お前ら、よく聴け。金じゃねえんだよ。このグラウンドに、校舎に、汗や血や、血はねえか、とにかくいろんなもんがつまってるんだよ！」

と、このあたりで教室の前に出てきて、

「それを、壊していいのかよ、見たらつらくなるってのもそうかもしんないけどよ、それでいいのかよ。子どもたちの思い出はどうなるんだよ。残した方がいいに決まってんだろ。オレはそう思う。以上！」

三〇人の子どもたちと十数人の大人たち（その日見学に来ていた教師たち）は圧倒され、教室は何とも言えない空間に。そのあと、当時小五から中三だった大川小学校卒業生たちの訴えを、ネットにつないで紹介した。関東の六年生たちが、こうなんじゃないか、と懸命に考えたことは、それなりに近づくことはできていたけれど、妹を、母を、祖母を、そしてたくさんの友だちを亡くした当事者たちの声は違う重さをもつことに、そのときになって私自身が気づき、ほとんど泣きながら読む、という事態になってしまった。

「大川小学校を残してください」という訴えを、どう受け止めたらいいのだろう。子どもたちと語り続けたいテーマだと考えている。

「乙武洋匡さんが二四時間テレビを批判」というニュースでは、批判の内容を伝える前に「どんな批判だろう」と問いかけてみた。

「障がい者を感動エピソードに利用している」

「応援する番組なのに、してあげる、って上から目線」

「ばかにしてる感じがする」といった意見が出て来た。

それは、「障がい者の扱いが一面的」「かわいそうな人がこんなにがんばっている、という扱いになっている」という乙武さんの考えに迫るものだった。

LGBTについて学んだとき、「もっと知りたいこと」として出て来た「なぜ学校で教えないのか」という問いをめぐって子どもたちが考えたことは……

「教師もよく分かってないから」

「当事者を励ましちゃう教師もいそう」

「へたに教えるともっと差別が起きるから」

当たってるな、と思う。

「社会の風潮がなかなか変わらず、子どもまでが差別的になるのは大人の責任だと大人に自覚してほしい」とレンが言う。その通りだな、と思う。

続けて行ったジェンダーの学習の後、サエと話した。

「この学年の人ってさ、ビックコンサート（希望者が出演して休み時間にホールで開かれる、音楽委員会主催のストリートライブのような催し）に出る人ほとんどいなかったよね」

「女子は前は何人かいたけど、ばかにする空気があったんだよね。特に男子の中に。それでだんだん出なくなっちゃった」

「何をばかにするの？」

「歌ったり、ダンス踊ったり……そういうこと」

「男の子たちが『女の文化』とみなしてばかにする、つまりそれは……男の子たちがジェンダー化されてきたっていうことか」

「あっ、そうだ。そういうことだよ、先生」

移民について「居住地だけは別にした方がいい」と書いた曽野綾子のコラムを取り上げたのは、二月。アパルトヘイトについて知るきっかけになった。「曽野綾子って誰？」と問うレンに「作家だよ」と答えたが、「もっと知りたい」というのでスマホを貸した。検索して「曽野綾子の発言」をいくつか知ったレンとサエは、「ダメだ、この人。話にならない」と笑った。

「人は生まれながらに差別的なまなざしを持っているわけではない」という意味のネルソン・マンデラのことばを紹介すると、「やっぱ作られるんだな」、とレン。この一連の学習の中で、「差別はつくられる」ということを何度も発見してきたのだ。

「なんか私は、町で黒人を見ると『こわい』と思ってしまう、白人に対しては思わないのに」というミリの率直なことばに、「それもいつの間にか作られてるんだよぉ」と応答したのは、サエだった。

「ホームレス」についての学びで、「もっと知りたいこと」として出てきたルカの疑問「女の人もいるんだろうか」に、即座に答えたのはカンだった。

「いるよ。駅前の公園でよく猫をかわいがってる人、いるじゃん。サラ金で借金しまくって破産したって言ってたよ。ナリタやコウダイも知ってるよ」

そうだったのか……。あの人がそういう経緯でホームレスになったということ、カンたちがあの人からそんな話を聞いていたということ、その二つをその時知った。

子どもたちには「知る権利」と、そのことについて「なぜ」と考え、語り合う権利がある。その権利を保障するのは、私たちの仕事だ、と改めて考えた。

10・学級通信で共有してきたもの

ほぼ日刊の学級通信を発行していた。子どもたちが書いた日記、ノート、写真、「教室こぼればなし」などを載せたＡ４両面の通信だ。

「今日は、シュウのギャグがすごくおもしろくてわらいました。給食時間は、タスクの『あしだまな』ギャグもすごくおもしろかったです」

このような何気ない内容の日記からも、自分は実際にはほとんど関わらない人の姿が、読む者に少しずつ見えてくると考えた。

「教室こぼればなし」では、教室で起こるちょっとしたできごと、やりとりを取り上げた。

●「ちょっと待ってちょっと待ってお兄さん」と流行りのギャグを振ってきたシュウさんに、「お兄さんじゃないけど」と言うと、「あっ、間違えました。ちょっと待ってちょっと待っておばあさん」……ていねいに訂正してくれてありがとう。笑いました。

●「ママ」と男子に何度か呼ばれていますが、本物のママに申し訳なくてしょうがないです。年も見た目も、違いすぎるでしょ。でも友だちに「お母さん」と呼ばれたアスカさんの無念さを思えば……(笑)。

「教室こぼればなし」は、保護者にも好評だったし、子どもたちも楽しみにしていた。その場面にいた子たちはもう一度笑えるし、いなかった子たちも共有できる。

「いろんな人がいる」や「クローズアップ・ザ・ニュース」などをめぐってのやりとりや意見文も、次から次へと載せた。タスクもシュウも、短いけれど自分の考えを書いた。授業中には言えなくても、書くことならできる子たちもたくさんいる。書かれた文章を通して「そういうふうに考えていたのか」と互いに発見する場面もたくさんあった。学級通信も、子どもたちが出会い、出会い直すための欠かせない場になったと考えている。

九月。英語の時間に、「自由に動いて友だちと問いあう」という活動があった。見事に、男は男、女は女にしか声をかけない。その様子を写真に撮って子どもたちに見せ、後から「なぜこうなったんだろう？　どうしたらいい？」と問いかけた。

レンやホナミたちは個人的に親密になっていたし、タスクやルカも軽やかに多くの子たちと交流していたが、クラス全体となるとまだぎくしゃくしていた。どこかでこの問題に切り込まなければ、と考えてきたのだが、この英語の時間の様子は、「具体的な姿」として分かりやすいので、チャンスだととらえたのだ。また、それまでの取り組みや子どもたちとの対話から、「分断」されている状況について「乗り越えたい」と考えている子が増えている、という判断もあった。学級通信に匿名で載せることを先に話して、問いかけへの答えを書かせた。

「なぜこうなったか」については、多くの子が「四年」に言及した。

●四年くらいから強い感じの人と弱い感じの人でわかれちゃって、男子と女子もわかれちゃったと思う。

●四年生の時に男子のほとんどの人が女子のいやがることばを言っていたから。その関係がそのままになってしまった。

●四年生ころから班でふつうにしゃべろうとしたら先生におこられてできなくなった。給食中も盛り上がって楽しく食べたかった。

●周りからのひやかしや冷たい視線。そのひやかしは四年ころから。

●ちょっときおくはあいまいだけど、四年のころ女子とかが先生にひいきされてて女子やな感じイメージが出てきた気がする。

●自分で、思いあたるのは、四年のころ、先生がそうだったということです。その年までは、ここまでひどくなかったけど、四年からひどくなり、いっしょにいれば口げんかがおきるというじょうきょうだった。

この通信を読んでいる時、教室は静まりかえっていた。あまりふり返りたくない過去だったのかもしれない。でも、子どもたちは書いた。書かれたものを互いに受け止め、「奪われてきた」のかもしれないという思いを共有することで、前に進めるのではないかと考えた。

「どうしたらいい？」については、次のサエとルカのように、とにかく「会話をふやそう」という決意のような記述が並んでいた。
●「過去」をくやんでもしかたがない場合があるから、過去を捨て、未来を作ればいいと思う。自分からたくさんの人と関わるのは簡単ではないけれど、「自分から」なにかをすることが必要になると思う。（サエ）
●もっと会話をたくさんする。女子とか男子とか気にしないで、いろんな話をする。女子は男子がキライだから話さないんじゃなくて、話しづらいだけだから。カンたちと同じ班の時は、班全員仲良く話してたから。（ルカ）
学級通信を通して、子どもとともに、保護者たちも子どもたちの思いを知ることができた。

11・もっと語り合いたい

六月の観劇行事で、劇団四季の「ふたりのロッテ」を観たとき、

「ロッテとルイーゼの勇気ある行動がすごかったです。私だったら、いっしょに暮らしたくても、理由があって親は別れたならあきらめるので、すごいと思いました。個人的には、リコンとか別居は悪いことではないと思うので、共感はできませんでしたが、お話としては良かったです」

という感想を書いたのは、ルカ。

冬、同級生のヒカルといったんつきあって別れる、というできごとを経た後の放課後のおしゃべりで、「明日やだなぁ……」と語り出した。

「うちの前のお父さん、浮気して、お母さんに何度も暴力ふるって、お母さんのお金をたくさん使っちゃって、それでもなかなか離婚に応じなかったんだよ。裁判に何年もかかっちゃってさ。サイテー。顔も見たくないけど、お母さんが親権とったから、離婚の条件で月に一度は会わなくちゃならないんだ。それが明日。サイテーの時間だよ」

「どんな顔して会ってるの？」

「こっちの気持ちが分からないようにうれしそうにしてるよ。再婚相手（浮気相手）の写真見せてとか言って、うわぁきれいな人じゃんとか言っちゃって。でも中学生になったらこっちの意思も尊重されるんだ。二度と会わない！」

傍らには、「うちのママは別れたいのに別れられないんだよ」というシノがいた。

「ルカんところは別れられたんだからまだいいよ。うちもパパがママに暴力ふるうんだ。ママ、顔が腫れ上がって寝込むことまであるのに、シノと弟が中学出るまでは別れない、なんて言うんだよねぇ。

もう、意味わかんない……」

　いつもなかなか下校せず、「六年二組の八番と一三番、また靴が残ってます」と何度も日直から報告されていた二人だ。

「もっとしゃべりたいよねぇ」と、急きたてられて昇降口に向かう彼らの背中は言っている。

「語り合いたいこと、知りたいこと、いっしょに考えたいことは、まだまだたくさんある。せっかく出会ったのだから。同じ空間にいられるのだから。私は、どうしてこんなにつらい思いをしているのか。あの子は、何にあんなに怒っているのか。それを知りたい。語り合いたい。学校だからこそ出会えるこの体験を、どうか奪わないでほしい……」

　語り合えずにきた時間が長過ぎた。学校が「語り合う」場でなかった時間が、長過ぎた。

　ごめんね……という思いで、私は二人の背中を見送っていた。

12．最後の学習発表会

　一年間の数々の学びと出会い直しを経て、この六年生たちは、卒業を前に、一年前の一〇倍の声で歌い、堂々と劇を演じ、男も女も踊るようになった。

　最後の学習発表会は、二月末に行われた。

「歴史劇」「私の一枚」(自分が撮った写真を映し出しながら、思いを語る)、「合奏『情熱大陸』」、「合唱

『ヒカレ』などの出し物の中に、ダンスもあった。この学年では画期的なことだ。

『流星』のダンスは子どもたちが動画を見ておぼえた。サエやホナミ、ノブたちクラスのアスリートグループだけでなく、シュウやカンも含めてダンスメンバーは学年で三〇人ほどになっていた。

間奏の部分では、いくつかのフィジカルパフォーマンスを入れた。クライマックスでは、カンが三連続バク転をやることになっていた。

ところが、本番三日前に、カンは「くじいた」と言って右手首に包帯を巻いてきた。

「えーーッ」とみんな驚き、心配した。

「いちばん盛り上がるとこなのに……」

当日のリハーサルでも、カンは右手首をかばうようにし、バク転はしなかった。

「本番、どうなるかわからないけど、チャレンジだけはするから……」と言うカンに、「無理するなよ」と声をかけながらも、子どもたちは、祈るような気持ちでその瞬間を待った。「カンが手首をくじいた」ということは、観に来ていた親たちにも伝わっていたので、親たちも同じ思いだったに違いない。

そして……カンは見事に三連続バク転を決めた。拍手が鳴り止まなかった。

でも、実は私だけは知っていた。「包帯」はフェイクだということを。包帯を巻いてきた日、「もしや……」と思って「カン、これ受け取って」と私が投げた物（それが何だったか忘れてしまったが）を、カンはひょいッと軽い動きで手首をひねりながら受け取ったのだ。右手で。

「くじいた」はカンの演出だった。羽生結弦が頭に怪我をしながらも、包帯を巻いた姿で演技を披露し喝采を浴びた場面がヒントになった、ということだった。大成功で学習発表会が終わったあと、「やったね」とカンと私は笑い合った。二人だけが知る「やったね」だった。

もうひとつ、二人だけが知っていることがあった。カンの親は二人とも観に来ない。だからカンは、自分で三脚を立ててビデオカメラを設置し、「さわるなよ！」と周囲の五年生たちをちょっと脅かし、自分で録画のスタートボタンを押してから演技をしたのだということを。

13. カンが最後に語りたかったこと

カンがいきなり語り始めた。卒業を控えた二月末、国語のテスト中のことだ。はじめは静かな語り口だった。

「海の命ってなんだよ、太一って誰だよ、知らねえよ。父がなんだって？　知らねえよ」

誰に言っているというのでもない。大声のひとりごとだ。カンにはたまにそういうことがあったが、この日のひとりごとは次第に熱を帯びていった。

「あのさぁ……ああ、思い出した。なんで嫌いなやつ（担任）と毎日ハイタッチしなくちゃなんねえんだよ」

四年のときの担任のことだ。この話は何度も聴いてきたが、それはカンと私と二人か、親しい数人でいるときに限られていた。教室じゅうに聞こえるように話すのは初めてだ。帰る前に、全員が担任とハイタッチをする、ということになっていて、それが苦痛で仕方なかったという話だ。

「しかも！　オレっちの教室は端っこだから、逃げ場なかったんだよ。そりゃわかるよ。タケシが怒って『やりたくねえ！』って言った気持ち、よくわかるよ」

タケシは「やりたくねえ！」と言って、担任にひどく叱られた。カンはそのとき、何も言えなかったのだ。そのことが悔やまれて仕方ないと言う。

しーんとした教室の中で、カンの声だけが響いている。

「カン、いいよ。テストなんかやらなくていいよ」と言うと、

「先生、そういうことじゃないんすよ、なんか今言いたくてしょうがないんすよ。オレの、あの一年、返せ！　って言いたいんすよ」

このあたりで、セイジが、

「オレだって辛かったよ、つまんなくてたまんなかったよ」と声を上げる。サヤカがふふッと笑うのを見てレンが、「えっサヤカ、そこで笑うんだあ」とびっくりした顔で言うと、「だって私もそのクラスだったもん」と答える。タイスケも、「ひどい目にあったからさ、カンの言うこと分かるよ」と静かに参加する。

やり終えたテストを提出しながら、

「先生、カンの言ってること合ってるからさ、止めなくていいと思うよ」と言う子たち。

とっても不思議なテストの時間が過ぎていった。いろいろ言い続けたカンがふと、あれ？　オレ今な

んでこんな話してんだ？　と素に戻り、そこからは違う意味での熱いトークが始まった。

「オレ、六年でこのクラスでホントによかった。先生が担任でホントに良かった。オレ、実は夢見たんすよ。それが正夢になったんすよ。こんなことってありますか？　六年で、またヤグチ（四年の時の担任）になるかもしれないって思ったけど……そうならなくて、オレが夢見た先生になったんすよ」

テストの前にカンがうたっていた歌を思い出した。

君と出会った奇跡が　この胸にあふれてる

きっと今は　自由に　空も飛べるはずー！

なんだか泣けてくる歌声だった。

カンの語りには、まだ続きがあった。

「オレがなんでこんなにキレるようになったたか、先生はもうわかってますよね。オレもわかったんすよ。ヤグチのこともあるけど、あと、家族ですよね。家族。あの家族、やばいっしょ。でも……」

母は外国人で、父は元ヤン。父は母に暴力をふるうし、母もどなり返す。父はヤンキー時代の話をカンにたくさんし、やられる前にやれ、と教えてきた。でも、そんな父もいまは闘病中で、とてもやさしくなっていた。

「でも……」とことばをつまらせたカンの顔を、子どもたちがそっとうかがうと、「いや、泣いてないっすよ。大丈夫、大丈夫、泣いてないってば」と、かすれた声で笑いながら言うカンの目には、やっぱり光るものがあった。

卒業式の日に贈られた色紙には、「人生が変わった」というカンのことばがあり、レンは「僕は考え方が変わりました」と書いていた。

そしていつもクラスのムードメーカーだったノブは、こう書いていた。

「『学校ダリー』と六年間で初めて思わなかったクラスでした。一年間ありがとうございました。おれが二〇才になっても生きててね」

あなたたちとの出会いは、理不尽なんかじゃなかった、と私はようやく卒業の日に確信することができた。

いつか「思い出話」をしよう

——保護者たちとつながりながら

小学校四年生。暴力・暴言が飛び交い、授業がなかなか成立しないクラス。出会った保護者と何を語りあい、どう結び合ってきたのか。それはいったい「スキル」によるものなのか。あえて、保護者とのやりとりの部分に限って報告し、問題提起としたい。

1.学級びらき

「いくつか問題があります」

異動したばかりの学校の校長室で、新年度の私の担当は三年から編制がえのない四年の学級担任だと知らせた後で、校長が言った。

発達のもつれをもつカナコという子がいて、その子は教室から出て行ったり奇声を発したりするので、授業中にも相当の配慮が必要だとのこと。また、カナコが教室にいることで「勉強に集中できない」という訴えがある。特にサヤカとその母親はカナコに対する拒否感が強い。昨年度の途中から、何度も校長室に直接訴えに来ている。「勉強に集中できない」という事態を打開してくれない担任に対する批判も厳しく、それは多くの保護者が共有していた、と言う。

「この問題について、二つの手を打ちました」と、校長は続けた。ひとつは、私を学級担任にしたこと。もうひとつは、カナコに週一〇時間程度、個人指導の教師をつけるようにしたこと。

校長からの説明の時間は十分とは言えなかった。同じように他校から異動してきて同じ四年に配された人にも「問題があります」と、伝達しなければならないことがあったのだ。「学級担任を替える」という方法で「手を打つ」ということがくり返し行われている学校なのだということは、その後しだいに分かってきた。

学級の様子や「個人指導」の教師の役割について十分把握しきれないうちに、学級びらきの日を迎えた。

始業式を終え、校庭の片隅で初めての出会いのあいさつと出席確認。新学期のはずんだムードは薄く、「斜めに見上げる」男の子たちのいくつかのまなざしが気になった。カナコは、後ろの方で砂遊びをしていて、最後まで私と視線が合わなかった。

翌日、前任校での離任式を終えて教室に行き、改めて自己紹介をする。子どもたちにもひとりひとりに自己紹介をしてもらう。やはりはずんだ雰囲気ではない。多くの子が、私にではなくクラスメートに対して緊張している。くすくす笑いが絶えない一画もある。

「勉強が得意」と言ったコウイチに、すかさず「へっ、じまん～！」と、シンゴ。ジュンも乗じて二人でコウイチに罵声を浴びせ始める。

「いいの。自慢しても。得意なところを言ってもらってるんだから、みんな自慢していいんだよ」と言うと、「えー、自慢していいんだって。何言ってんの、この人」と、シンゴ。

コウイチは顔を伏せて泣き出したが、リオの場合はそうはいかなかった。リオの自己紹介でやはり茶々を入れ始めたジュンに突進して殴りかかり、それを止めると大声で「死ね！」と叫び続けた。

帰りの連絡を始めると、「早くしてよ。オレ学校嫌いなんだよ」と、ジュン。

自己紹介新聞に書かれていたのは……

「また今年も『問題児』のおおぜいいるクラスのままかと思うとがっかりです」と、女の子の何人か。

「自分の顔は描けません」と殴り書きしていたのは、リオ。

「好きな授業は特にありません」とジュン。

「いいところ」の欄に「なし」と大きく書き、あとは全面落書きだらけのシンゴ。

前担任への不満と「カナコがいることで困っている」という訴えを裏面にまでびっしり書いていたサヤカ。

「問題」とは、カナコとサヤカのことだけではない、ということを二日目に確信した。

2.「大暴れ」の日々

翌日からの「学級の日々」は、あらかじめの懸念をこえるものだった。

私語と立ち歩きが頻繁で、大声を出さなければ何事もすすまない。もちろん授業にもならない。授業の内容や形態を工夫すれば何とかなるというような段階でもない。ジュンとシンゴの大騒ぎ。それに同調する数人の子。

リオは、すれ違ってちょっと触れただけの子をいきなりどなりとばし、授業中は大あくび。「わかんねえよ！」「できねえよ！」が口ぐせ。ジュンとすぐににらみあい、どなりあい、授業中でもとっくみあいのけんかをする。

テレホンカードをギザギザに切り込んだものをプラスチック定規に貼り付けて振り回し、隣りの女の子の腕に傷をつけたのはシンゴ。ジュンも同じものを持っていたので取り上げようとすると大暴れで抵抗する。騒ぎを聞いてかけつけてきてくれた同じ学年の先生の手から血が……。

教室に行くと誰かが泣いていたり血相を変えていたり。「またか」……と内心思いつつ、あくまで顔はにこやかに、何がどうなってこうなって、と事情聴取に一五分。「発端は誤解だったんだね」と読み解いて、ひとつひとつここではどうすればよかったかな、と関係者一五人くらいにひとりずつ言わせ、黒板に図を書き、傍観者も位置付け、この人たちにできたことは？……とやっているうちに一時間分の授業時間は終わり。

ほぼ連日、こんなありさまであった。暴力事件が起きない日はない。シンゴ、ジュン、リオのうち誰かがキレない日はない。くやしさで泣きはらした顔を見ない日はない。そして、喧騒の中でカナコは床を這い、教室内外を歩き回り、サヤカは連日「カナコちゃんを何とかしてください」と言いに来ていた……。

3. 学級懇談会

新学期が始まって一週間が過ぎた四月一二日、シンゴの母が面談を求めて来た。

約一時間、シンゴの母は語り続けた。一年生のときから落ち着きがなくまともに授業を受けずにきたこと、二歳違いの兄とけんかが絶えないこと、三年のときの担任には「困ったことがあったらいつでも連絡してください」と母の方から初めから伝えてあったにもかかわらずずっと「元気なお子さんですね」程度のことしか言われなかったこと。にもかかわらず……（その後は涙声になった）二学期末にいきなり「もう私の手には負えません」と言われ相談所に行くことをすすめられたこと。しかもその相談所の面接で、「こんな子は私の三〇年の教師生活で初めて見ました」と担任が相談員に語ったこと。

「お母さん、安心してください、とことばで言われても難しいかもしれませんが、とにかくこれからはいっしょにやっていきましょう。いっしょに考えていきましょう。大人が二人で知恵を寄せ合って力を合わせてやっていけば、きっと子どもに届くはずですから」

と話し、まず具体的には連絡帳で日々の様子を連絡しあうこと、そしてシンゴがなぜ今のようになってきたのかいっしょにさぐっていくこと、学級懇談会で学級の現状を語り協力をあおぐので、そこでシンゴの母も発言してほしいこと、などを語った。

懇談会で発言することは、「暴れている」当事者の親にとっては相当キツいということは承知している。でも、その後のことを考えると、実はもっとも「キツくない」方法でもある。

初めての学級懇談会。三八人のクラスで、保護者の出席は三五人。ほぼ一時間、自己紹介と学級の現状と指導方針を語った。学級はいまのところ「戦争状態」で、授業成立も困難な状況であるということも率直に語った。

シンゴの母は、「騒いでいるのは、うちの子」「クラスのお友だちや先生に迷惑をかけていて申し訳ないと思っている」「何とかよくしようと相談機関に行ったり、先生とも連絡を取り合ったりしながら努力している」という三点を語った。これは、打ち合わせてあったことだ。

私の顔とシンゴの母の顔を心配そうに見比べながら聞いていた他のお母さんたちに、私は次のように話した。

「蓮田さん（シンゴの母）の努力には本当に頭が下がります。クラスが騒然としているのは、私の指導の問題でもあります。でもどうしてもね、『騒いでいる子』の親としては気がひけてしまうし、『お母さんのせい』なんかではなくても、子どもの問題は母親の問題のようにとらえられがちな中ですから、気落ちしてしまいますよね。それなのに、私を責めるのでもなく、『いっしょに努力する』と言っていただけて、私としては大変光栄ですし、心強く感じています」

それから、いつでも授業を見に来てほしい、子どもたちからクラスの様子を聞いていっしょに語り合ってほしい、気がついたことや情報などはすぐに知らせてほしいとお願いした。すべては、「この子たちはなぜこうなっているのか」「何を表出しているのか」を共にさぐっていくために。そして、「当事者」になってもらうために。

この日、懇談会が終わったあとで、ジュンの母が残って話しに来た。「もしかしたらうちの子も？」と問う母の表情には、明らかに不安の色が浮かんでいた。

4. 家庭訪問の頃

学級懇談会からしばらくすると、家庭訪問週間が始まった。四月末から五月にかけてである。学級の状態は相変わらずで、暴力事件は毎日起き、授業も惨憺たるものであった。しかし、家庭訪問に行くと、母親たちの見方は好意的であった。

「学校が楽しい」「授業が楽しい」「先生が話を聴いてくれる」と言っている子が多いということが分かった。

この頃、何とか授業を成立させようと、私がやっていたことは、大声を張り上げ、身体表現をさかんに取り入れ、興味をひきつけ、笑わせ、盛り上げ……。とにかく騒々しくせわしないことこの上ない、という状態だったのだが。

「あっ、いいね。新見さんの聞き方、すっごくいい」

「河野さん、いい質問だ。ちゃんと聞いてた証拠だぁ」

「そこで私は考えた！　いいところだよ。しっかり聞いて。そうそう！」

「いいところだ……って言ってんのに、黒板で絵描き歌うたって絵かいてんじゃな～い！」

と、ふりむけば、チョークで鼻の頭まで白くしたカナコが「上手でしょ」とにっこり笑って黒板の絵を指さす。

そこで思わずずっこけながら、「まあ教室の中にいたんだから、良しとするかぁ」といった調子だ。

胃薬にくわえてのど飴も手放せなくなっていた。

休み時間や給食時間には、私の周りで多くの子どもたちがおしゃべりをした。ジュンやシンゴ、リオもその中にいた。でも、次の時間にはまた暴れる……ということも続いていた。

音楽の時間、リオとシンゴが廊下でとっくみあいのけんかを始めた。「先生、殴り合ってる」と廊下に近い席の子が言っても「わかった。だいじょうぶだよ」と返して授業を続けていると、ジュンも教室を飛び出して行った。それでも授業を続けた。

この三人は、音楽の時間には何もしないで騒いでいる。「リコーダーなんて吹けない」と、持っても来ないシンゴ。「そんなもん吹けたって意味ないじゃん」と言うのはリオ。おちゃらけているばかりのジュン。

物を投げ始めたり、けんかを始めたりしたとき、血相を変えて「先生、大変！」と言う子たちにはいつも、「だいじょうぶ。すぐにおさまるよ」と話して落ち着かせたり、周りの子たちにもとにかく冷静でいるように語ったりしてきた。私自身も、「心の中の顔色の変化」を表面に出さないように努めてきた。

この音楽の時間にも、冷静さを装い、一方では「どうせ教室にいたって騒いでいるだけなんだからいいか」という気持ちもありつつ、私はオルガンを弾き続け、子どもたちは「イッツ・ア・スモール・ワールド」を英語でうたい続けていた。

両隣りの教室から教師や子どもたちが出てきて、騒ぎが大きくなってきた頃、さすがに放置してはいられなくなり廊下に出ると、ジュンがカッターナイフを持った手を隣りのクラスの担任に押さえられていた。

その日、クラスの親たちからメールが三本入った。「ナイフを持って暴れている子がいる、と聞いてさすがに心配になった。だいじょうぶでしょうか」といった内容だった。他のクラスの子からその親へ伝わり、さらに親どうしで伝わったらしい。

この頃になると「四年のクラスが荒れている」は、いろいろ尾鰭をつけた噂になって地域をかけめぐっていた。

それでも、「親たちとのつながり」は私にいつも安心感をもたらした。噂を確かめるべく連絡をくれた人とは、話し合うことができる。情報も入るし、共に現状を分析したり、方針や対策を話し合ったりすることもできる。被害を受けた子の親にこちらから連絡をするときも同様である。「可愛そうな思いをさせてしまって、本当にごめんなさい」と謝るところから始まる。暴力被害にあった子の心の傷を慮り、守ってあげられなかったことに対する謝罪の気持ちを精一杯伝える。そして、これからどうするのかを相談する。

親たちと話すと、その後に私は必ず元気になった。

三〇人近くの人が、代わる代わる授業を見に来てくれもした。注意されても決して聞き入れないが、休み時間になると「先生！」と寄ってくるシンゴたちが、同様に「おばさん！」と人懐こく寄ってくる様子に驚きながら、「きっと鬱積してるものがあるのね」と、涙を浮かべる人もいた。それが何なのか、教えてくれる人もいた。

この時期、「共闘できる」親たちがしだいに増えていった。六月半ばの「茶話会」(学級ＰＴＡの会)では、温かい雰囲気の中で、「暴れてる子を悪い子だと見ない」「先生の指導方針を信じて支えていく」「我が子だけでなくクラスの子どもたちを見守っていく」などの方針を確認できたことを、学級委員さんが報告してくれた。

5．シンゴの母からジュンの母へ

「朝、連絡帳を私に渡してくれるとき、シンゴさんは、にこにこしてとてもうれしそうです。時間に追われて書けないことがお互いにあると思いますが、それを了解しつつ、続けましょう。そっけないひとこと、ハンコだけ、であっても、それは忙しさのせい、とお互いに了承していれば、ＯＫではないでしょうか。無理せず、ゆったり構えてやっていきましょう」

シンゴの母とは毎日連絡帳とメールで連絡を取り合った。うれしそうに私に連絡帳を渡すシンゴは、「母と担任がつながり始めていること」をきっと喜んでいたに違いない。一方で、私たちはメールでのやりとりもしていた。

ある日、シンゴの母から次のようなメールが届いた。

今、私の最大の悩みは、シンゴではなく、父親です。いっしょに生活し同じ親でありながら、一方的に私が話すだけで、彼が口を開くことは殆どありません。「話し合う」ということが出来ないので、何を考えているのか理解できず、シンゴの問題も、分かち合うことがない状態です。私一人が抱え込み、一人で解決していかなければならないという脅迫観念があります。勿論、その分「どうして私だけが……」という気持ちも強いのです。

ですから、先生方や相談所で話を聴いて頂けることで、私は救われています。

先生の、先日の家庭訪問の折の最後の一言「私達二人で頑張っていきましょう」は、〝天の声〟に聞こえ、気持ちが楽になりました。

子どもの問題について語り合う（その相手は母親である場合が多い）とき、その子に父親がいれば父親との関係にも関心を抱く。暴力的なものを無意識のうちに父親から受け継いでいたり、権力的な関係を父母の姿から学んでいたり、という場合もある。にもかかわらず、「夫婦でよく話し合ってください」「お父さんにもお伝えください」といったことを私たちはすぐに口にしがちである。でも、そういう要求が現状の打開のために有効でないばかりでなく、どんなに母親にとって重たいものであるのかということを、私はシンゴの母のことばから再確認した。「二人で頑張っていきましょう」ということばには、私自身とシンゴの母をエンパワメントしたい、という願いがこもっていたし、母もまたそのことばで「気持ちが楽に」なっていたのだ。

私がシンゴの父とじっくり話すようになるのは、何度かの短い会話を経て、二学期以降である。「子育ては母親の役割」と信じこんでいる人との対話を始めるには、それだけの時間が必要だった。

ジュンの母とのつながりは、シンゴの母が作ってくれた。シンゴの母に「ジュンの母と話してほしい」と伝えたのは、いま、ジュンの母の不安を受け止められるのは、シンゴの母しかいないのではないか、と考えたからだ。

シンゴの母は、ジュンの母とのやりとりを次のように伝えてくれた。

顔と名前が一致しないので、「初めまして」状態になってしまうと思いつつお電話しました。お互いに先生から伺った学校の様子を話しているうちに、同じ思いをしている親どうしという親近感からか、お母さんの胸の内も話して下さいました。
家と学校での様子があまりにも違うこと、キレてしまうお子さんの様子が雲をつかむような話で理解出来ないこと、連絡を頂くようになって、その内容に驚くばかりであること、等々。
ご主人とも話し合いをされたとのことですが、「子供をきちんと受け止めてやらないからだ」というような内容を言われ、「誰かに助けて欲しいのは私の方よ」という会話もあったとか……。（中略）
私は、原田先生と話していても、事実は事実として受け止める余裕が出来ましたし、必ず温かいおことばもかけて頂けるので、ストレスになることはありませんが、石川さん（ジュンの母）は、今、原田先生からの連絡を受けることは恐怖なのではないでしょうか。

先生から連絡がある度に、「どうしてうちの子だけと思う」と、おっしゃっていましたので、追い詰められているのではないかと感じました。

石川さんは、私と同じ思いをしていて自分の思いを共感してもらえるという安心感があって、いろいろと話して下さったのだと思いますが、正直なところ、私も驚いています。初めての電話で、自分の気持ちを話すことはなかなか出来ないことです。相手がどういう人なのかもよくわからず、警戒心の方が強かったでしょうに……。逆に、それだけ心の中に溜まっているものも大きかったと受け止めました。

石川さんは今、先生のことばや思いは耳に届いていないようですが、先生のお考えを知るべきだと思いますので、私なりにお伝えしたいと思います。そして、私の先生に対する気持ちも……。

先生と石川さんの橋渡しが出来て安心しました。

私が出来ることとして相談所に通っていましたが、それ以外にもクラス内の関係向上のために役立つことがあったこと、私の励みにもなりました。

先生に巡り会えて本当に良かったです。

何年か経って、「あの頃は大変だった」と思い出話をしたいですね。

このメールから私はたくさんのことを学ぶことができたし、また大いに励まされもした。シンゴの母に対する敬意は率直にメールで書き送った。

6. ジュンの父母と

シンゴの母のはたらきかけのお陰で、ジュンの母も少しずつ心を開いてくれるようになった。「夫が自分を責めること」「どうしてもひとつ下の弟と比べてジュンを叱ることが多いこと」「進学塾の勉強についていくのがやっとなので、夜も遅くまで勉強の特訓をしていること」などを語ってくれるようになった。母が語り始めると、ジュンも「夜の勉強がつらい」「塾をやめたい」「お父さんが恐い」と、それまで一度も口にしたことのなかったことを話すようになった。

六月初め、ジュンの父母と面談をした。母が何度か「お父さんと話し合ってもなかなか一致できない」と言われるのを聴き、「私がお父さんと話してみましょうか」と言うと、母の顔がぱっと晴れたのだ。

元スポーツ選手の若い父は、りっぱな体格をしていた。「全身八〇針も縫ってある」ことは、ジュンから聴いていた（実はこの父は酒を飲んで暴れることのある人だということは、近所の親から聞いていた）が、想像していたような荒々しいところはなく、謙虚に話を聞くことのできる人でもあった。それは私が彼よりずっと年上であるという事情にもよるだろうが。ジュンの学校での様子を母から聞いていた父は、「家庭でどのようにしたらいいか率直に言ってほしい」と言われた。

私が伝えたのは、次のような内容だった。

「家事をちゃんとやれ」とジュンが母に言ったりするのは、お父さんの影響ではないか。ジュンは、お父さんに憧れを抱いているが、「恐い」という気持ちも強くおびえている。親しい関係が作れないまま思春期を迎えると難しくなる。対等で、互いにリラックスできる関係を家庭のなかに作った方がいいのではないか。親子も、夫婦も。

お母さんがガミガミ言い過ぎるとお父さんは感じておられるようだが、ガミガミ言わないと聞かない、という関係は、お父さんも関わってできてきたのではないか。

勉強に対するプレッシャーがかなり強い。夜まで特訓の効果はあまり上がっていないばかりか、寝不足で不機嫌なまま登校し、学校で不安定になることも多い。

ジュンは陽気で愉快な子だ。話してると大笑いすることも多い。ゆったり会話を楽しむ空間が家の中にあると、本人も周りももっと楽しくなるはず……。

「当面、父子の会話を増やすようにしてみます。塾はやめさせる方向で考えます」と言って、父母は帰って行った。母からはその後「お父さんがずいぶん話を聴くようになった。私の話も。ジュンの話も」と報告があった。

当時、父自身も仕事上の悩みを抱えて「荒れ」ていたことを知って「お母さんもお父さんの話をあまり聴いてないいんじゃない」と言ったひとことで「はっとさせられた」と、後に母は語った。私が伝えたかったことは、実は「父子」ではなく大人どうしの関係のことだった。

その後、ジュンは進学塾をやめた。スイミングはその前に選手コースから普通コースに変更していたが、それもやめた。土曜日のサッカー教室のあと、いっしょに校庭整備をするジュン父子を見かけて声をかけたときには、父の腕にぶら下がりながら「先生〜！」と手を振るジュンと笑顔の父が印象的であった。

7. リオの父母と

「いやそんなはずはないと思うんですけどねぇ……」

クラスの子をどなったり、「殺すぞ」と凄んだり、殴ったり、棒を持って追いかけ回したり……というリオの行状のいくつかを伝えると、父は苦い表情で言った。

「そんなはずないって言ったって、実際そうなのよ。私はわかるって言うか、そういうところあると思うよ、この子には」と、母は父をたしなめる。その母を無視して、

「私は何よりも家族のユニットを大事にしています。リオのことは大好きですしね、うんと関わってきました。何でもよく話し合う親子ですよ。リオが帰ってくると玄関で迎えてハグするほど、可愛がってもいるんです」と、父は続ける。

五月末、二度目の家庭訪問したときのことだ。母とは、それまでに何度も話していた。「カッとしやすい」「甘えが強い」「体が大きいのですぐ相手を威圧しようとする」と、リオの弱点を把握している母は、「お父さんに似ているところも多いんですよね。それにお父さんは『女の子には手を出すな』『売られたけんか以外はするな』『武器は手にするな』などと言うので、リオはそれ以外の場合ならやっても

いい、と思っているフシがある。それじゃ困る、と私は思っているんです」と話していた。

海外生活が十数年に及ぶ父は、日本の学校の「没個性的」「管理的」な教育についての不満も述べ、リオの良さがいまの学校体制では生かされないのではないか、という懸念を抱いていることも語った。

私は、父に同感である部分も大いにあること、確かにリオはいまの学校のなかで息苦しさを感じているのかもしれないこと、そのいらだちの持って行き場がなく、暴力的になってしまう場合もあると考えられることなどを話した。

リオは、天然の茶髪を独特の髪型にしている。それをからかわれることもある。でも、何を言われても自分はこのスタイルがいいと言って変えないのだということをこの日知った。私はこれには大いに感嘆し、

「リオが個性を大事にしながら生きていける学校にしたいと私も考えています。そのために力を貸してください」と言った。

「具体的にはどのようなことですかね」という問いには、

「個性を大事にするとは、他の人の個性も認めることであり、ある程度感情のコントロールも必要とされることで、リオには『カッとする』自分にきちんと向き合って乗り越える努力をするよう伝えてほしい」と話した。

「そのためには、お父さんの体験をたくさん語って聞かせてあげることもいいのではないでしょうか。リオはお父さんと話すことが大好きのようですし、お父さんの影響を受けてるなぁと思うこともたくさ

んありますよ。『お父さんが言ってた』は、彼の口癖ですからね。いちばん好きな歌はサザンの『真夏の果実』だって言ってたけど、これもお父さんの影響でしょう」と言うと、父の顔がほころんだ。

長い話し合いだった。途中でこんなやりとりもあった。

「あきちゃん（と、父は妻を呼ぶ）、やっぱり仕事やめた方がいいんじゃないか」

「私の仕事のせいだなんて先生は言ってないでしょ。ね、先生。私がどんなに仕事をしたいか知ってるのに。何かあるとすぐ『仕事……』って言うのはやめてほしい。それは個性を認めないことになるんじゃないの」

一五才も年の離れた夫に、なかなか言いたいことが言えなかったという母は、翌日学校に来て、「昨日はスッキリした。先生のおかげ！」と笑って言った。

それからリオの父母とは電話でもよくやりとりをした。実は打ち合わせ済みの私の説教に、「お父さんと先生って同じこと言うんだよね」とリオが不思議そうに言うのには、「正しい大人の見解ってやつだ」と笑って返した。それを笑いながら報告すると、

「卒業までずっと原田先生がいいってリオが言うんですよ。彼のダディも同感です。よろしくお願いしますよ」と、電話の向こうでダディも笑っていた。

8.「語れない」ものの重さ

七月の学級懇談会では、四月以来の子どもたちの変容ぶり、学級が見違えるほど落ち着いてきたこと、それを支えてきてくれた保護者のみなさんの奮闘ぶりを語り、互いにねぎらいあってしみじみといい時間を過ごすことができた。

その後、多くの母たちが語り始めた。

サヤカの母は、夫との関係の不安定さを。母の不安と不満はひとり娘のサヤカにきっちり伝わり、母娘はカナコを一種のスケープゴートのようにして強く結び合っていたのだということが分かった。

カナコの母も、娘の将来が不安で、でもそれを誰にも相談できずにいた。不安は、カナコへの虐待に近い「勉強の特訓」という形で表れていた。

エミカの母は抑うつ症状を抱えていたが、その原因は夫とその父母との関係だった。

母たちとの面談や電話はいつも長かった。これまで語れずにきたことが多すぎるのだった。「語れない」ということも含めて、女たちに強いられてきたものの重さを私は何度も思い知らされた。

「安心して。すべてがあなたのせいなんかじゃない」と、せめて伝えられたらと願いながら、私は彼女たちの話を聴き続けた。

二〇歳の再会～シンゴの一〇年～

《教室に行くと誰かが泣いていたり血相を変えていたり。「またか」……と内心思いつつ、あくまで顔はにこやかに……（中略）ほぼ連日、こんなありさまであった。暴力事件が起きない日はない。シンゴ、ジュン、リオのうち誰かがキレない日はない。くやしさで泣きはらした顔を見ない日はない。そして、喧騒の中でカナコは床を這い、教室内外を歩き回り、サヤカは連日「カナコちゃんを何とかしてください」と言いに来ていた……。》

前章の実践記録の一部である。どこから手をつけたものか……と迷っているひまもない中、すぐに面談に来てくれたシンゴの母と話をできたことが、私にとって大きな支えとなった。二人で対策を考えながら、学級懇談会や「親たちの自主的授業参観」、茶話会、「大暴れくん」の親どうしのつながりを作っていったりすることができた。胃薬とのど飴を手放せないような日々が続いたが、しだいにクラスは落ち着き、学びが成立するようになった。

《先生に巡り会えて本当に良かったです。何年か経って、「あの頃は大変だった」と思い出話をしたいですね》

シンゴの母からの当時のメールの最後には、そう書かれていた。

それから数年後、シンゴの高校進学が決まった頃、私たちは大いに笑い合いながら「あの頃は大変だったよね」と思い出話をした。

それからまた数年。シンゴからメールが来た。

「ちょうど一〇年前に大変ご迷惑をかけた蓮田進吾です。僕は、もう大学二年生になりました。今月末の誕生日を迎えると、やっと二〇歳になります。先生が多忙な事は存じておりますが、都合が合えば飲みに行きたく連絡致しました」

後期の課題等に追われているが、自分が全力で都合をつけること、時間の余裕ができたらで構わないので返信してほしい旨、とても丁寧なことばで綴られていた。返信への再返信にはこう書かれていた。

「とても長く大変な一〇年でしたが、おかげで自分が目指している自分に近づきつつあるので、そこそこは成長したと思います(笑)。大人にはまだまだ及びませんが……」

約束した一二月のある晩に、シンゴと再会した。週末でごったがえすＪＲ駅改札。

「多分こちらからあなたを見つけるのは難しいだろうから、私を見つけてね。一〇年分きっちり老けてるよ」とメールで伝えてあった。その通りに、シンゴが私を見つけてくれた。

「ホントですね」

「えっ？」

「一〇年分……」

「そうやってはっきり言っちゃうとこ、変わんないねぇ」

二〇歳の男子と二人きりで、気づまりにならないだろうか、再会の時はどんな顔をすればいいんだろうか……そんな懸念は一瞬でふっとんだ。

シンゴはよく通るハイトーンの声でしゃべり続けた。

建築関係を目指して今も建築デザインを学んでいるが、自分には向いていないことに気付いた、でも建築には関わっていたい、人と関わることが好きだから建築事務所で営業のような仕事ができないかと考えている、という自分の今と将来に向けてのこと。彼女は今はいない。今まで二回つきあったことがある。つい最近、大学に入ってから一方的に好きだった女の子に告白したが、ダメだった、と恋バナ。

そしてこれまでのこと。小学校では、三年生のときがつらすぎた。四年が転機になった。でも中学でまた苦しい思いをした。「テストの結果」ばかりが重視される学校の雰囲気が、息苦しくて仕方なかった。

家族の話もたくさんした。父は大好きだったが、妹ばかり可愛がるので寂しかった。また、成長するにつれて父の人としての「ダメさ」が見えてしまったことも、つらかった。父母の離別も悲しかったし、寂しかった。あの頃（四年の頃）、今から思うと父への複雑な感情と寂しさが、いろんな形で学校で出ていたんだと思う。

あの頃、福祉の学習のために借りていた車イスを返しに行く時、なかなか下校しようとしないシンゴをいっしょに車に乗せたことがあった。シンゴのマンションの前まで送って、「じゃあね」と車を発進させた後、振り返るとシンゴが泣きそうな顔で車を追って走っていた。そんなことを思い出して、涙ぐみそうになった。

「でも大人ってすごいっすよね。かなわないなぁと思いますよ」

最後は、母と、私を含めた何人かの大人たちへのリスペクトだった。

あれからまた数年が過ぎた。折々にシンゴからは連絡が入る。就職しました。結婚しました。転職しました。一級建築士になりました。

つい先日、シンゴから届いた連絡は、「父になりました」だった。

ゆっくり大きくなっていこう

１．ぐったりの始業式

四月、始業式に並んでいる四〇人の三年二組の子どもたちの列の中から、ぴょんぴょん跳びはねている加藤達也の顔がすぐに目に入った。

達也は昨年の私のクラス（六年。兄の政人がいた）でも有名だった。いつもはだしで、校庭や町中を走り回り、次から次へと悪さをする。たまたま見かけて注意すると悪態をつく。町の人に叱られたりしても同じこと。

「マサー、達也なんとかしろよ。とんでもねえよ、あいつ」

「オレに言うなよ。オレたち家族だって困ってんだから……」

政人と友人たちとのそんな会話を思い出している間に達也の顔が見えなくなっていることに気づいた。列の中でうっとうしそうに足元を見やる子どもの視線をたどっていくと、床でクロールをしている達也がいた。

始業式が終わった後の学級開きの時間、出席をとってみると一人足りないのに気づく。「時々キレて家に帰ったりする」と前担任から申し送りのあった涼がいない。家に電話をすると「えっ、三年生も今日からだったんですか。だって今日は入学式じゃないんですか」と、母の対応は苛立っていた。始業式の後に入学式が行われることを説明したが、「ああ、そうですか」と母の口調には最後まで険があった。

きっとこの日入学する涼の妹と自分の支度でてんてこ舞いだったんだろう、と思うが釈然とはしない。

教室に戻ると大輔が大泣きしている。達也は姿を消していた。うんざりしながら大輔に「どうしたの」と聞くが、地団駄踏んで泣きわめくだけで会話にならない。「達也はどこ行った？」と誰ともなく聞いてみても「知らない」という無関心そうな声が返ってくるだけだ。

入学式の時間が迫っている。とりあえず明日の連絡を終えて子どもたちを帰そう、達也と大輔はそのあとだ、と連絡を黒板に書いて子どもたちに伝える。ブラジルから来たばかりのロベルトのために、連絡帳にひらがなで連絡を書いていると、「先生、書いてもロベルトの家族は誰も読めないよ」と、隣の席の一彰。

ぐったりして初日を終える。達也と大輔とロベルトと一彰。そしていなかった涼。四〇人もいるはずなのにほかに誰がいたのか。さっぱりつかめないままに終わってしまった。

2. せつないよ、親は

どうにも落ち着かない日々がこうして始まった。始業式から本領発揮だと思っていた達也の本領は、実はそんなものではなかった。席についてじっとしているということができない。始終ごそごそやっている。時に机の下にもぐってみたり、立ち上がったり歩き回ったり。話はまったく聞いていないわけではなく、ときどき大声で反応する。私が冗談を言ってみんなで笑いあったりしていると、

「わはッ、ヘンなこと言うなー。先生のうんこー！」

「なんじゃこのオバサン、ブヒヒヒー」と、大声で言ったりする。

静かだなと思うと、もう教室からいなくなっている。気づいて周囲の子どもたちに聞いても、「あれ？　いつの間に」という反応だ。いつもごそごそやっているので、教室を抜け出しても誰も気づかないのだ。ふと見ると校庭の端の雲梯にぶら下がっていたりする。蟻の巣をいじっていたり、池でザリガニとりをしていたり。給食準備の時間も、そうじの時間も、そしてもちろん授業中も、達也は自由自在に動き回った。

さてどうしたものか。達也とふたりで話をしようとしても、「うんこー」「ちんぽ！」などと言うばかりで会話にならない。

周りの子どもたちに聞いてみると……。

「一年のときからずっとこうだよ、達也は」

「すぐいなくなっちゃうんだよね。それで先生に怒られるの。いっつも怒られてた」

「でも出て行くと怒られるけど、授業中はそうでもなかったよ」

「ちゃんと勉強してたんだ！」

と私が驚いて言うと、

「勉強ってほとんどしてないんじゃないの。給食当番もそうじも全然しなかったよ。でもなんか無視されてた感じ。だって言ったってやらないから、しょうがないよ、達也は」

「一年のときの先生はよくこうやって（首根っこつかまえて）投げたりしてたけどね」

「怒られても出て行くし、言っても投げてもやらないものはやらないわけね」

ため息まじりにそう答えながら「それでも『無視』はつらかったろうに」と思った。

二日目の夕方、達也が母といっしょに校庭に遊びに来ていた。昨年度末、「先生、来年は達也の受け持ちになって、達也何とかしてよ」と言っていた母だ。さっそく母と話した。

「加藤さん、今年もまたよろしくー」

「先生、私、複雑な気持ちよ」

「なんで？」

「達也の担任が原田先生って聞いて、最初は『よかったぁ』って思ったんだけど、やっぱり先生とは『政人のお母さん』としてつきあいたかったな、なんて思ったりして」

「なんだそれ（笑）」

「だって達也ってすごい子でしょ。達也みたいな子をもった親の気持ち、わかる？　まず『恥ずかしい』、これがいちばんね」

ときどき笑い交わしたりしながら、長い時間達也の母と話した。母は、どうしてこの子がこんなになってしまったのか、自分なりにいろいろ分析しながらも「結局わからないのよ」と言う。「どこが間違ってたんだろう」ということばは何度もその口から漏れた。達也が幼児の頃から近所に謝って回る生活、そのうち人に「達也のお母さん」と思われるのが苦痛になり出歩かなくなってしまった。授業参観は廊下からそっとのぞくだけ、懇談会にはいっさい出なくなったという。

「でもこうやっていっしょに遊んでるじゃない。達也ってお母さんのこと好きなんでしょ」と言うと、

「やだ。私以外達也と遊べる子なんかいないからしょうがないからよ。友だちいないの、この子。私がもしよその子の親だとしても、達也とは遊ばせたくないって思うもの……」

苦悩がにじむ。それを自分で吹き払うかのように、こんな話もした。二歳のときに二つ隣の駅の近くにあるスーパーで迷子になった達也は、その後歩いて家まで帰ってきたというのだ。私がこの話に感動して「すごいなぁ、おもしろい子だなぁ」と言うと、「おもしろくなんかないわよ。せつないよ、親は」と言いながらも、「でも少しだけ、こいつおもしろいなって気持ちもあるんだけどね。少しだけよ」と笑う。

「ときどき話しに来て。連絡帳もなるべく書くから。おもしろいことも、ああ困ったってことも、なるべく報告しあうようにしよう」と、その日の対話をしめくくった。

3. オラ、ここにいてもいいの？

三日目、班をつくった。

「いっしょになりたい人となっていいよ。『いっしょになろう』って言える？」

「言えるよー！」

元気いっぱいのリカの返事が返ってくる。

「先生、男と女はどうすんの？」

「どうしたい？」

「人数決めたほうがいいんじゃないの」

「なんで？」

「決めないとかたよっちゃうから」

かたよっちゃうとなんでいけないの？　とさらに問おうかとも思ったが、やめた。ひとつずつ学んでいけばいい。

男女いっしょ。人数は男と女が同じくらいで全部で六人か七人。班の数は六つ。班長は班の中から二人決める。それだけ決めて班づくりに入った。大輔と涼はふらふらしていたが、それぞれ前学年でいっしょのクラスだった子たちに人数合わせでひっぱられて班におさまった。ロベルトはひっぱりだこ。

達也は、班をつくる話を始めたときからそわそわしはじめていた。誰ともいっしょになれないということを知っているのだ。みんなが動きはじめると机の下にもぐって動かなくなった。

「そんなとこにいたら忘れられちゃうよ」

と言った瞬間、私ははっとして胸が熱くなった。忘れられちゃうほうがずっといい、誰にも誘われないよりずっといい、という達也の心の声を聞いたような気がしたのだ。

「オラ誰ともいっしょにならないもーん」

力ないその声を聞いて広弥が気づき、机をのぞきこんで、「達也、いっしょになろう」と言った。その前の休み時間に遊びながら班づくりの話をしたとき、達也といっしょになってもいい、と言ったのは前学年で違うクラスだった広弥だけで、広弥はそのつもりになってくれていたのだ。声をかけられた達也は、「えーなんでだよー。しょうがないなぁ」と言いながらも、うれしさを全身で表していた。

給食時間、人気者の健太が「ぼくね、もしかしたら転校するかもしれない」と言い出した。驚いた周りの子たちは「えー、ダメだよー。健太がいなくなったら淋しくなっちゃうよー」などと口々に言い合った。それを聞いた達也は、にこにこしながら「いいこと考えたぞ。オラが転校すればみんな喜ぶぞ」と言う。とっさに「そんなことないよ。達也がいなくなっても淋しくてたまんないよ。ね、そうだよね」と周りの子に言うと、気圧されたようにみんなうなずく。

そうやって達也は何度も何度も「オラ、ここにいてもいいの?」と確かめようとしていた。「いいに決まってるよ。ここが達也のいる場所なんだよ」と、私も何度もそれに答えつつ、一方では「ああ困った」の連続でもあった。

4. 達也の木

教室抜け出しは続き、学習用具はいっさい出さずにときおり「うんこ」だの「ちんぽ」だのと叫ぶのも止まらない。机とその周辺は常に物が散乱。「昨日オラねー」などと話すことの多くは作り話。自分から人に暴力を振るうことはないが、突飛な行動が人を被害に巻き込むことは多い（くるくる回りながら廊下を歩いていて人に当たる、机の上から飛び降りて人の足を踏むなど）。さらに、広弥に対してちょっかいを出すことも多くなってきていた。

いくつかの課題が浮かび上がってきた。

・達也の言動が何を意味するのか、それを子どもたちに知らせ、実は心根のやさしい達也の本当の姿（それは自分たちと変わらない）を子どもたちに見せること。

・達也に遊び仲間を獲得させること。

・達也の学習要求を引き出し、達也の参加によってより深まる学習をつくり出すこと。

・いやなことは「やめて」と互いに要求しあったり、解決に向けて話し合ったりすることによって自分たちの生活を向上させていくことを体験させること。

算数の授業の時間、問題作りの学習で元気に手を挙げる達也を指名すると、「うんこが一個ありましたー」と始まった。

「はい。ありがとう。達也は一生懸命問題を考えてくれたね。でもさ、ちょっといやな顔をしてる人もいた。リカ、なにがいやなの」

「うんことかさー、そういうのもうやめてほしいよ。なんかいやな気持ちになる」

「うんこは人が生きてくのに大事な物だよ」

「えー、でもたし算の問題にするのはヘンだよ。なんでうんこをたすのよ」

「それはまあ確かにそうだね。ほかにもヘンだなぁ、いやだなぁって思った人いる？」

大勢手を挙げる。

「そうか。達也、みんないやなんだって。なんでだろうね」

「先生、達也ってさ、みんながいやがるのわかってて言ってんじゃないかな」と一彰。

「そうかなぁ。達也はそんな子じゃないと思うけど。ホントはどう思って言ったの？」と達也に聞くと、

「みんな笑うと思った」と言う。

「笑った？」

「笑わなかった……」

「笑わせたかっただけなんだ、達也は。それなのに誰も笑わなかった。かわいそうだね。せっかくおもしろいこと考えたつもりだったのにね」

一彰が神妙な顔でうなずいている。

それから、うんことかちんぽとかって言いたいときってあったよね、小さい子はそういうこと言うの好きだよね、でもだんだんもっと違うおもしろさを見つけて、言わなくなるんだ……という話をした。

「えー、そんじゃオラは小さい子かー！」と達也。

「そうだね。でもすぐに大きくなるよ。みんなと遊べるようになったら、もっと違うおもしろさがわかって言わなくなるよ」

このあと、達也を遊びに誘うようになったのは一彰だった。

平和学習をしたときには、『子どもたちの昭和史』（大月書店）という写真集を教室に持ち込み、拡大した写真をみんなで見た。

「わあー、なんか達也がいっぱいいるよ」と笑いながら言う子どもたち。

いつも元気に遊び回っているので汚れ放題の服、坊主頭、はだし、真っ黒な顔……そんな達也に似た子どもたちが、確かに昭和初期から戦後の占領期の写真の中にいっぱいいた。そのたくましさで苦しい時代を生き抜いてきた子どもたちの話をすると、

「達也ってさあ、なんか地震とかそういう大変なことが起こってもきっと生き残るね」

「生き残るだけじゃなくて役に立つよ。知らないうちにどっかから水とか食べ物集めてきたりして」

子どもたちはそんなことを言い合った。「役に立つ」と言われた達也もまんざらではなさそうだった。

「ねえ、それって、もしかしたらすごく大事なことなんじゃないの。大変なことが起こったら人の役に立つとか生き残るとか。大変なことが起こったときじゃなくたって大事なことなんじゃないの。そういうの『生きるちから』って言うんじゃないかなぁ」

そう言うと、「そうかぁ。達也ってなんかえらいんだなぁ」という視線を浴びて、達也は「うー、なんだよー」とはにかんだ。

休み時間や放課後に友だちと遊ぶようになった達也は、少しずつ授業にも参加するようになってきた。

国語の時間は、登場人物の気持ちについて大いに飛躍し逸脱しながらも想像をめぐらせた。ふだんも作

り話ばかりしている（その裏には感心されたい、おもしろがられたいなどの要求がある）ということを知りはじめた子どもたちは、達也が発言しはじめると「達也ワールドだぁ」とそれなりに受け止めながらも反論していった。「達也ワールド」に反論することで、子どもたちの読み取りと討論のちからは鍛えられた。「達也のおかげでおもしろい話し合いができたね」と言うと、達也はうれしそうに椅子の上に立ち上がってみせた。

いっしょに遊ぶようになればトラブルも増える。帰りの会では「達也に言いたいこと」が次々に出されるようになった。達也はそのたびに神妙に「ごめんね」と言う。達也にしてみれば、「うんこ」と言っても誰も笑わないことを知ったときのように「言われて初めて気づくこと」ばかりなのだ。そのあまりの神妙さに、周囲は「しょうがないなあ」となぜか温かい空気になる。また、商店街のアーケードの屋根にのぼったり、ビルの間をするするとすり抜けてあらぬ所から出てきたり、高い所から飛び降りたり、動物の死骸を持ち歩いたり……無茶はするけどタフで疲れ知らずの達也は、少年期を迎えつつある他の子どもたちにとってもいわく言い難い魅力ある存在になりつつあった。帰りの会で誰よりも達也に厳しい要求を出す一彰は、一方でそんな達也に誰よりもひかれていた。

そうじや給食などの仕事についても要求が出されるようになったが、ここを乗り越えるのには伴走が必要だった。班長会で相談し、画用紙に「達也の木」と称する大きな木を描き、「給食当番やらないで蟻の巣を見に行ったけど五分で帰ってきた。たった五分！」などと書いた果実を描き加えていく。そんなことを始めた。帰りの会が終わったあとのほんの数分、私の机の中に二つ折りにして入れてある「達也の木」を広げて一日をふり返るとき、いつもそこに一彰たち遊び仲間にいてもらった。

「達也、すげえよー。どんどんできることが増えていくじゃん」という一彰のことばに、「オラの母ちゃんが知ったらびっくりするぞー」と答える達也。一彰はこっそり私に、「先生、母ちゃんに言ってくれって言ってんだよ」と囁く。目でうなずきながら「今日母ちゃんに電話しようかなぁ」と言うと、「えーなんでだよー」と達也。うれしそうな顔は隠せない。

「かわいいよなぁ。達也ってたまんねえよ」

一彰はそう言って笑いながら帰っていった。

5．ゆっくり育つ大輔と首しめ涼

給食時間、大輔と涼がけんかを始めた。おかずの取り合いである。じゃんけんに勝った涼が見せびらかしながら食べようとしたとき、大輔が「ずるいぞ！」と泣き叫んでそのおかずをはたき落としたのだ。はたき落とされた涼はいきなり給食をおぼんごと壁に投げつけ、これも泣きはじめた。

大輔はアトピーとぜんそくをもち、薬を欠かせない。四月生まれだが体はクラスでいちばん小さく、気持ちも幼い。じゃんけんの結果を受け入れることはまだできない。「ずるいぞ！」は口ぐせだが、本当に相手がずるいことをしているということは稀である。何でもかんでも、自分の要求がかなわないときは「ずるい」のだ。誰に言ってるのかわからない「ずるいぞ！」もある。

達也、涼とともに大輔も授業中はよく教室を歩き回る。国語の時間に手を挙げても指名されないときは、私の耳元に自分の考えを言いにくる。「いま大ちゃんがいいこと言ってくれたよ」とみんなに紹介すると、走り回ってうれしさをアピールする。読み聞かせやビデオは大好きで、「おもしろい」も「悲しい」も顔と体をいっぱい使って表現する。

「なんかこの子、育ってないですよね。ときどき捨てちゃいたくなるんですよ」

若いお母さんはそう言いながら、救いを求めるような目でじっと私を見つめて、ことばを待っている。

「まつげ切ったでしょ、自分で。あと前髪も切っちゃったでしょ。そういうの、しょうがないなぁと思いながらもなんか笑っちゃわない？　校庭の回る遊具の上からおしっこしたときも、叱りながら内心笑っちゃったのね、私」

と私が言うと、お母さんも笑い出した。

「ねえー、なんてやつなんだって思うけど、でも笑っちゃいますね、確かに」

「でしょ。なんか子どもらしいよね。確かに幼いけど。なんせじゃんけんに納得しないんだから……」

それから、大輔はアトピーやぜんそくの体を抱えて（もしかしたらその体と折り合いをつけるために）人よりゆっくり成長していること、発達の速度は人それぞれで速いほうがいいというわけではないこと、大輔はいま幼児期にいるのかもしれないが、もしそうならそこをたっぷりやることでいずれ少年期に入っていくだろうこと、急がせる必要はないしそうすることでかえって発達の歪みが出てくるかもしれないことなどを話した。

「もう、三年生なのに何だ！　って思うと腹も立つけど、年中さんぐらいかなぁって思えばかわいいでしょ。はたちになったらいっしょよ。思春期で追い抜くかもしれないし」

「いや思春期はゆっくりでいいやって思ってるんですけどね」

そうそうお母さんの思うとおりにはいかないわなぁと笑い合いながら、幼児期のうちに身につけさせていきたい約束事の世界もつくっていきましょうということを確認しあった。

専科の音楽の時間、「リコーダーと歌とどっちやりたい？」という音楽の先生のことばに「どっちも！」と答え、「どっちもいっしょにはできないからどっちかにしようね」と言われると、いきなり机を倒して音楽室から飛び出したのは、初日にいなかった涼である。廊下をふらふら歩いているところを見つけて「どうしたの？」と声をかけても、首に両手を押し当てたままだんまりを決め込んでいた。

数日後、大輔とけんかして給食を投げた涼は、大輔がさっさと泣きやんで給食を食べはじめても、固まったまま動かない。よく見るとまた細い首の前に両手を当てて押さえつけている。

「これ、なにしてんのかなぁ。涼のクセなのかなぁ」と周りにいる子に聞くと、「もしかしたら死のうとしてんじゃないの」と、そんなことで死ねるわけはないともう知っている子どもたちは冷静に言う。

「給食投げたぐらいで死ななくていいんだよ。だって悔しかったんだもんね。なんだったら机も投げてもいいよ。それでも死ななくていいんだよ」

そう言いながら、涼の手を握った。細く、透き通るような掌だった。涼の首しめはそれからも何度かあった。物を投げたり、火がついたように泣き叫んだりといったパニックのあと、自分の首をしめるのだった。ことばで思いを伝えられない涼は、そうすることでしか自分の苦しさを伝えられないようで、そんな涼を見ているといとおしさがつのった。その苦しさはどこから来ているのか。

「何だか好きになれないんです」と涼の母は言う。「下の子はそうでもないんだけど、涼って何だか脅えてる感じで、なつかないし」とも言った。会社をやめて（リストラであるとは言わなかったが、その可能性もあると思われた）家にいる父と昼夜二カ所で仕事をする母。私が涼のことで話す相手は、しだいに父であることが多くなった。

涼が両頬に手形のような痣をつくって登校した日も、父と話した。ひっぱたいたのは母親だった。

「家事とか子育てとか向いてないみたいなんですよねぇ」と父は涼の母親について言う。

「外で働くのは好きなんだけど。それに気が強くてね」

うんざりしたような言い方に聞こえた。

「涼はもしかしてお母さんのその気の強いところに脅えてるのかしら」

と私が言うと、実は……と、今回の痣は久々のことで、涼が三歳くらいまで母が虐待していたことを明かした。そして、涼とその妹を連れて父の関西の実家に帰る（離婚する）ことを考えはじめていること、でも売値の下がったマンションの巨額のローンを抱えて容易に転居できないことなども話してくれた。

話を聞きながら、やるせない気持ちになった。誰も悪くないのに……とも思った。涼の不安は誰がつくり出したのでもない。母もつらかったのだろう。家の窮状を「ちょっとしたこと」のように笑いも交えながら話すこの若い父だって、本当は大きな不安を抱えているのだろう。

「少なくとも学校にいれば私とクラスのお友だちがいて、家に帰ればお父さんがいて、それで安心して涼が生活していけるようにしていきましょう」と言うのがやっとだった。

涼は、パニックと首しめのあと私の膝の上でさめざめと泣く、ということを何度かくり返しているうちに、何かというと膝に乗りたがるようになった。背中を預けてゆったりとくつろいでいる様子は、赤ん坊のようでもあった。私は、そうして涼を受け止めながら、私自身が癒されるような気もした。涼の父にも私のそんな思いを伝えた。いとおしいと思う感情は、人を癒してくれるんですね、と。父の中にもきっとあるだろう涼への思いに精一杯の共感をこめて。

6. ティアーズジュニア！

二学期、大輔と涼は、すねたり泣きわめいたりしながら同じように幼児期を過ごしているような圭太（五月に転入してきた）と三人で、「ティアーズジュニア」という係をつくった。「先生のお手伝い」がしたくてしたくて、「誰かちょっとこれ一組さんに持っていってくれる？」と言うと「オラが行く！」「なんでだよー、ずるいぞ！」とたちまち涙ながらの喧嘩を始める三人に「みんなの役に立つことなら何でもします。ただしできることだけ」っていう係をつくっちゃおうか、と提案したのは私だが、三人とも大乗り気だった。係の名前も四人で考えた。

「ちびっこトリオがいいよ！」と大輔。

「そのまんまじゃないかぁ。それにそんなの書いて教室の壁に貼っておけないよ。人権問題って言われちゃう……」と私。

「なに問題？」

「チビとかデブとか、そういう体の特徴をね、言っちゃいけないってこと」

「いいじゃん。自分たちのことなんだから」

「まあそりゃそうなんだけどね、いやいろいろ難しい問題があってさ……」

「ぼくは泣き虫トリオがいいと思うなぁ」

「それもあんまり変わらないんだなぁ……」

別にいいじゃんなぁ、と内心彼らに共感しながら、なんとなくごまかそうとする私。

「もっとカッコイイのがいいよぉー。ジャニーズジュニアみたいな」と、私のひざの上で涼。

そんなやりとりの後、係の名前はめでたく「ティアーズジュニア」と決まった。泣き虫トリオと大して変わらないし、あんまりカッコヨクないよな、と私は思ったが、本人たちはお気に入りだった。

ティアーズジュニアは、話し合って順番を決め、花の水やりだの黒板消しだの私の印刷の手伝いだのを張り切ってやった。「ちょっと職員室に行く用事ができたんだけどひとりじゃ淋しいなぁ」と言って三人の中のひとりを連れて行くこともあった。彼らは私と手をつないで職員室に行くのが大好きだったが、自分の順番じゃないときはがまんもできるようになった。

社会の学習の発展で自分たちで買ってきた材料を使ってカレーパーティーをしたときには、お手伝いのお母さんたちへのお礼のためにダンスを披露しようということになった。結成されたカレーダンサーズのリーダーには涼が選ばれた。体育のダンスの学習のとき、軽い身のこなしでかわいらしく踊るティアーズジュニアはクラスのみんなにたくさんほめられ、自信を得ていたのだ。カレーパーティーでお母さんたちの拍手喝采も浴びたティアーズジュニアは、その後お楽しみ会でも創作ダンスを踊った。

三学期になり、クラスのみんながダンスに熱中し、リカたちを中心にヒップホップの本格的なダンスが踊られるようになると、涼たちはついていくのに必死だったが、それでもリズムに乗って夢中で踊った。二月に行われた学習発表会では、涼はダンスリーダーズの一員として活躍し、達也もティアーズジュニアの面々も、仲間たちとともに元気いっぱいに踊った。

大輔の母も涼の父も、そして授業参観にも懇談会にも参加するようになった達也の母も、みんな大きな拍手を送ってくれた。

7.「大切な人」に思いをはせながら……

三学期、最後まで立ち歩きを続けていた大輔は「立ち歩かないようにしよう」と決意したらしく、しばらくはもそもそしながらも机に向かっていたが、やがて椅子に座ったままガタガタと移動したりするようになった。

「ヤドカリみたい！」

「無理しないで歩けばいいのに」

と、大輔は教室の中を移動しながらでも授業に参加していることを知っているクラスの子どもたちは言う。一週間が過ぎ、『モチモチの木』の授業が始まる頃には、大輔はまた元のように歩き回るようになった。

『モチモチの木』の授業を、子どもたちは楽しみながらすすめた。「達也ワールド」はかつての大いなる空想の世界から「文章を読み取る」「文章から読み取る」世界に近づきつつあった。でも、『モチモチの木』の授業では久々にあの「達也ワールド」が展開された。達也がこだわったのは「豆太の母ちゃんはどうしたんだ」ということだった。「それは書かれてないことだから……」と言いながらも子どもたちは達也のこだわりを理解した。

「母ちゃん大好きだもんなぁ、達也は……」

そう言う子どもたちも、「弱虫でもやさしけりゃ」という「じさま」のことばには胸を熱くした。

「みんなだって、自分にとって大切な人を助けなくちゃ、というときになったら、きっと勇気がわいてくると思うよ」

そう言うと、それぞれに「大切な人」を思い浮かべ、涙をにじませていた。上を向いて目をしばたたかせながら懸命に涙をこらえていたのは、一彰。遠くを見るように窓の外に目を向けている涼の胸に思い浮かんでいたのは、お父さんだろうか。さっきまで歩き回っていた大輔は、いつのまにか私の足元に座り込んで、テキストを抱えながら、真っ先に涙を拭っていた。

暴れて泣いていじけてスネて
——大騒ぎの男の子たちと

１．学級びらき――泣き叫ぶ梅ちゃんと『セルフコントロール』

三月に六年生を送り出した直後の四月、また六年の担任になった。四〇人の満員学級だった。このクラスは、五年時にさまざまな問題行動や事件を噴出させてきた。

男の子たち同士による激しいケンカのくり返し。その子たちを中心にした担任反抗。男女の対立。自閉的傾向のある男の子への執拗ないじめ。女子グループによる悪口の言い合い、仲間外し。それが引き金となった不登校、そして転校。机や持ち物の、刃物による破損、盗難などなど。

頻発する事件に、親たちの担任不信は高まり、懇談会では鋭い担任追及がされたと聞く。若く、誠実で、次々に起こる事件に懸命に対処してきた担任の女性教師は、疲れ果て、体調までも崩して六年へ持ち上がることなく担任を降りた。

学級びらきの日、私が自己紹介を始めると間もなく、教室の後ろでガタンと音がしたと同時に火がついたように泣き出す子がいた。「梅ちゃん」と、その子は周囲の子たちに呼ばれていた。後ろの席の純也がふざけて椅子を引き、梅ちゃんが尻餅をついたらしい。あまりの激しい泣きように「骨でも折ったか」と思い、駆け寄って「どこが痛い？　腕？　お尻？」と尋ねるが、ただ泣くばかりで答えにならない。純也は「ごめんね。梅ちゃん、ごめん」と懸命に謝っているが、梅ちゃんは赤ん坊のように泣くばかり。

「たぶん大したことないよ、先生。いつものことだから」と、夏樹が言う。他の子どもたちも、静観しているふうである。「保健室行こうか？」と聞くと、梅ちゃんは泣きながら「痛いんじゃない。アタマきたんだよ！」と叫ぶ。私は、拍子抜けして心の中で「なんだ」とつぶやきながら教壇に戻った。しだいに弱まっていく梅ちゃんの泣き声をＢＧＭに、自己紹介を続ける。梅ちゃんの泣き声が止んだところで、「さて……」と全体を見回しながら、「梅田さんはさっき、小野田さんに椅子をひかれて、アタマにきて泣き叫んでしまいました。アタマにきた梅田さんの気持ち、分かる？」と問いかけた。

「分かるけど、おおげさなんだよ、梅ちゃんはいつも……」という夏樹を「まあまあ」と制して、「椅子を引かれてアタマにきた梅田さんの気持ちが分かるかどうかだけ教えて。自分だったらどう？　何とも思わない？」とさらに聞く。「アタマにきた気持ちは分かる」「自分もアタマにくる」という答えが返ってくる。

「アタマにきたとき、どうする？」

どんな反応をするかを出させながら、それぞれがアタマにきた自分の気持ちを少しずつコントロールしながら相手に伝えようとしていることを押さえる。

「でも、自分の気持ちをコントロールするのって難しいよね。（ここで黒板に『セルフコントロール』と大きく書く）泣き叫んだり、どなったり、暴れたりしたくなっちゃうこともあるよね。私もね、まだまだコントロールできないことあるよ。まあ私は大人ですから、泣き叫ぶことはないけど。あれ？　ないかな。まあほとんど、ない。でもどなりたくなることはあるなぁ。みんなはどう？　コントロールするの、どうも自分は苦手だなぁ、と思う人？」

と尋ねると、八人の男の子が手を挙げる。梅ちゃんも自信たっぷりに手を挙げている。

「自分のことが自分で分かるって、すごいことだと思うよ。これからは、暴れなくてもうまく相手に気持ちを伝えられるようにするにはどうしたらいいか、いっしょにいい方法をさがしていこう」

そう話して初日を終えた。

2.「キレる」男の子たち――彼らが抱えているもの

「コントロールは苦手」と挙手した八人は、本当に「自分のことが分かっている子」だったということが徐々に分かってくる。

春樹は、五年の時の担任反抗の急先鋒だった。友だちとのトラブルも多い。上背はないが肥満気味の体を震わせ、涙を流しながらも思いっきり相手を威嚇する。でも、実際にけんかになるとめっぽう弱い。体はフニャフニャで踏ん張りがきかない。痛みにたいする反応がいつもおおげさ。低学年の頃から欠席がちで、学力は低い。

父も母も、本人もひとりっ子。酒乱の父と夜通し働く母の夫婦仲はこの頃すでに破綻していた。暴れる父を恐れ、夜中に母子で家を出たこともある。母方の祖母もよく家出をする。二代にわたって「暴力的な男」を夫にした、ということらしい。母は離婚を考えているが、生活の目処が立たない（後に離婚する）。

幸太も、やはり担任をさんざん困らせてきた。叱られると必ずふてくされ、真っ赤な顔で「わかったよ！　何度も言ってんじゃねえよ！」などと言っていたそうだ。興奮すると椅子を蹴って教室を出て行ってしまうこともあった。ユーモアのある子だが、カッとしやすい。クラス一の長身だが姿勢が保てず、大儀そうにしていることが多い。

家族は、家父長的で暴力もふるう父とおどおどしている母、兄、妹。年子の兄は未熟児で生まれ、発育が遅れている。三歳下の妹はよく気がきく。兄を家族の外部からかばい、妹のことは猫かわいがりする父は、幸太に厳しい。

カズは、自閉傾向のあるてっちゃんをさんざんいじめてきた。ズボンを降ろしたり、蹴りを入れたり。面白くないことがあるとてっちゃんにあたるのだ。てっちゃんだけでなく、おとなしい子にたいしてどなったり、おどしたりすることもあった。肥満気味の容貌と低学力に大きな負い目を感じ始めていることが、その後わかってくる。

母はカズに甘く「可愛くて仕方がない」と言うが、宗教活動に忙しくカズのことをよく理解していない。姉と妹がいるがきょうだい仲もあまりよくない様子。夫婦仲については聞いたことがなかったが、後に母は愛人ができて家出する。

この三人に加えて、ヤスと純也もスポーツの試合となるとキレる。梅ちゃんと武雄は、時々手放しで大泣きする。ケンは、「どうせオレなんか……」と激しく泣きながらいじけて固まる。

彼らは、給食のおかわりと余ったオカズの争奪戦に集まる常連メンバーでもある。

3．どうして？……友だちを知りながら自分を知る

一学期、ささいなことで次々に暴れたり泣いたりどなり合ったりする男の子たちに半ばあきれながらも、子どもたちから情報を得ながら、また子どもたちといっしょに分析したり対策を考えたりしながら対応してきた。

五〇メートル走のタイムが間違ってたと言って大泣きしている武雄。ドッジボールで強く当てられたと言って壁を蹴って泣き叫んでいる梅ちゃん。そうじ用具の割り当てが不満でどなり散らしているカズ。遊ぶ約束を破られて「裏切り者！」と友だちにつかみかかっている春樹。友だちに「ちょっとそこどいて」と言われてノートに「死んでやる……」と書き連ね、そのうち昇降口で泣きながら動かなくなっているケン。

「あれいったいどうしちゃったの？」

「なんであの子ああいうふうになっちゃうの？」

「ちょっと声かけてみるか。まだやめといた方がいいか」

尋ねると子どもたちはいろいろ教えてくれる。

「梅はおおげさなんだよ。甘ったれてんだよ」とカズが言ったり、「ケンはすぐスネて『どうせ俺なんか……』って言うんだけどさ、親に可愛がられてないんじゃないの」と幸太が言ったり、「春樹ってすぐああやって強がるんだよな。ホントは弱いんだよ、あいつ」とヤスが言ったりする。相手が危険にさ

らされている場合を除いては、しばらくは放っておく。でも、観察はする。子どもたちといっしょに、会話をしながら。八人が一斉に興奮状態になるわけではない。私が語りかけ、いっしょに観察する子どもは、八人のなかでその時冷静である子たちが中心である。

「なにもあんなに泣かなくてもねぇ……」

「ああやってどなり続けるのも疲れるだろうにねぇ……」

「でも前回よりだいぶいいんじゃない。てっちゃんじゃなくて机蹴ってるし」

「少しずつコントロールできるようになってきてるってことかなぁ」

暴れたり泣いたりしている子たちを観察し分析することは、彼らにとって自分を発見することにもつながる。しばらくして興奮がおさまってきたら、本人と話す。もちろんその時も子どもたちといっしょである。

「アタマきちゃったか。『どうせ俺なんか』って言ってたけどさ、誰かに『あんたなんか』って言われたことがあるんでしょ。かわいそうに……」

そんなふうに語りかけるともう一度泣き出してしまうこともあった。

「母さんは俺のことといっつもダメだって言う。小さいときからずっとそうだ。父さんだって……」

そう語り始めたケンが、その日スネて泣き始めたきっかけは「そこどいて」と言われたことだった。ケンのことばを聞いていた春樹や幸太やカズは、「キレる」背景にはその場のことだけでなく、そこにいたるまでの長い経過があるということを知る。

「ケンの両親は教育熱心だけど兄とケンを比較しがち。ケンは劣等感が強い」

「ヤスはお父さんによく殴られる。お父さんの前ではいつも緊張してて、お母さんには威張ってる。弱い者に威張るのは、だからじゃないか」

「カズがてっちゃんに当たるのは、見た目や学力についてのコンプレックスも関係してるんじゃないか」

次第にそんなふうに分析するようになってきた。ヤスの家庭の事情は幸太や春樹にも共通するものがある。もちろんコンプレックスはケンやカズだけのものではない。

友だちを知りながら、自分を知る。そんなことを少しずつ積み重ねてきた。

4. 幸太～「俺の成長」を自覚した日

学級びらきの翌日あたり、黒板に書かれたわたしのヘタな字を見て、

「せんせ～、今年の書写は誰が教えんの～？」

と大儀そうに聞いてきたのは、幸太。内心「来た来た……」と思いながら咄嗟にどう反応するか思いめぐらせた。

「はい！　わたしです」と元気に答えると、顔をそむけながら「終わったよ」と言う。これが「幸太らしい反応」なのだろう。そして、こうした反応のために彼はずっと教師に「感情的」に叱られてきたに違いない。私はこの反応が大いに気に入った。彼の疑問や不満はもっともだからである。

「幸太の気待ち、わかる。この字じゃなあ……。不安になるよね、確かに。いや、自分では愛嬌のあ

るかわいい字だと思ってるけど。（子どもたちの「えーっ」という声と笑い声）でもさ、幸太も不安かも知れないけど、わたしだって不安だよ。でもまあこのクラスには達筆で有名な里加もいることだし。それよりね……」

ここから先はヘタな字や弾けないピアノの練習をする時間が教師には確保されていないこと、週二八時間の持ち時間はあまりにも多すぎること、教師の多忙化政策というのがあって、それは教師だけでなく子どもたちにとっても不利益だということ、などを一方的にまくしたてた。

唖然として聞いている子どもたちに向かって、最後は、「まあそういうことだから、お互い協力しあってやっていこう」とよくわからないまとめをして勝手にうなずいていると、子どもたちもうなずいてくれた。一六三センチのわたしと肩を並べる長身の幸太は、わざわざ出て来て「先生も大変だな」とわたしの肩をたたいてくれた。

幸太は、これ以来休み時間になると私の側に寄ってきて何やかやと話していくようになった。「だらしない机の上だな」などと言いたいことを言っていくが、「あんたに言われたくないよ」と答えれば、「まあお互い様ってことだ」などと笑って答える。私が続けざまにケガをしたときには、「まったく先生はしょうがねえよな」と言いながら荷物持ちをすすんでやってくれた。帰りの会で何か言われたときにも、素直に非を認めるようになった。「幸太、いったいどうしちゃったんだ？」と周囲の子が驚くほどの変身ぶりだったが、勝負事となると「キレる」ことは続いていた。

二学期、バスケットボールの授業でキレて試合を台なしにしてしまった後、いつまでも「人のせい」

を言い募る幸太にたいして、初めてきつく言った。

「誰に言ってんのよ。それぞれ自分のプレーについて振り返って課題も明らかになってきてるでしょ。これ以上どうしろって言ってんのよ。幸太は、負けておもしろくないっていう自分の気持ちをぶつけてるだけじゃないか。弱いんだよ、気持ちが。弱すぎるよ。もっと自分と闘え」

幸太は黙って聴いていたが、その顔は紅潮していた。言ったあとに、「さあ給食だぁ。今日はグラタンだぞ～。準備急ごう！」と幸太の尻を叩いたが、まだムッとした顔をしている。構わず体育用具の片付けに走る。「先生、幸太よけいにキレるよ」と何人かが心配そうに言ってきたが、「わかってる。キレてから平静に戻る練習もそろそろ必要なの。みんな普通にしてて。気をつかわないこと。いつまでも人に気をつかわれてると、幸太のためにも不幸だからね」と答えておいた。

幸太の機嫌は給食を食べ始めると直った。帰りの会で、「今日幸太にきつく言ったのは、幸太にはもう受け止める力があるという私の判断。間違ってなかったなぁ。教師冥利につきるね、こういうのは」と話すと、「俺が成長したおかげだよ」と幸太。「そうとも言う」と私。

ここで夏樹が、笑いながら体験談を披露する。

「俺さぁ、三年生ぐらいでスネんのやめたの。家でなんかあってスネて部屋に閉じこもってたらさぁ、うちの家族って全然気ぃつかってくんない人たちじゃん、誰も俺に声かけてくれなくてさ、そのうちみんなでメロン食べ始めたんだよ。あん時メロン食べたくてさぁ、でも出てくの気まずいし……。くやしかったよ～。あれ以来スネんのやめたの。絶対損するの自分なんだから」

「その点、幸太はスネないでグラタン食べてたからえらいよね」

「幸太は六年だよ。俺は三年だったの！」

教室は笑いに包まれた。そんなふうに「成長」を話題に語り合う場面も増えていた。

5．私はお母さんじゃない！

八人の男の子たちが「キレる」ことはしだいに少なくなっていった。でも、それぞれが抱えている寂しさや不安が解消されたわけではない。

カズの両親は相変わらず多忙で、引き取り訓練の時にも、修学旅行の帰りにも最後まで迎えに来なかった。迎えに来なかったのはカズの親ばかりではないが、カズは誰よりもそのことに傷ついているように見えた。

秋菜の親も来なかった。五年生のとき、クラスの女の子たちの物を盗んだり壊したりしていたのは秋菜だった。秋菜は四年生のときに青森から転校して来た。両親が離婚し、母は秋菜とその姉を青森に置いてこちらで住み込みで働き仕送りを続けていたが、生活の目処が立ち、秋菜たちを呼び寄せたのだった。それまで祖母の家で暮らし、家でも学校でも「よい子」を演じ続けた秋菜は、母のもとに来られると知ったとき「ほっとした」そうだ。でも、母のところには秋菜たちにとっての「新しい父」がいた。

そして秋菜はまた家でも学校でも「よい子」を続けることになる。

一学期の半ば頃、秋菜は仲良しの友だちといっしょに「物壊し」などの告白も含めて自分のことを私に語り始める。私は秋菜に「よい子」をやめさせるのではなく、自分は家族をどう見ているのか、何を望みどういっしょに生きていこうとしているのかを考えさせようとした。秋菜は、「おっちょこちょいだけど働き者でやさしい人」と母を評し、慕っていた（その母についての評は、そっくりそのまま秋菜にあてはまる）。そして母の生き方を応援しようと、家事をよく手伝い、新しい父ともうまくやっていこうとしていた。でも、もちろん不満はある。その不満を聴き取り、親にも伝えることをすすめながらも、私は秋菜の家族の中での生き方を支持した。

秋菜は、「親が迎えに来ない」という事態にたじろがない。「別に迎えに来てもらわなくても帰れるでしょ。六年だよ」と言う。同感だ。修学旅行の帰り、しょぼくれているカズに活を入れながらいっしょに帰って行く姿は印象的だった。

班長になった秋菜はカズを自分の班のメンバーにし、何かとよく励ましていたが、ある日の家庭科の実習の時間、笑いながら「ちょっといいかげんにしてよ」とカズに向かって言い始めた。

「私はね、あんたのお母さんじゃないんだからね！」

このことばは私と女の子たちに大いにウケた。

「そうだそうだ。私たちはお母さんじゃないぞ。自分のことは自分でやれ！　カズだけじゃないぞ」と私が言うと、女の子たちも後に続いた。はじめのうちは実習にかかわることが中心だったが、そのうち、こんなことも言い始めた。

「いちいち泣いたりスネたりするの、いい加減やめて」

「いじけて固まってる間、誰が当番の仕事とかしてると思ってるのよ」

「勝ち負けで大騒ぎするのもやめてほしいねぇ」

けっして眉を吊り上げて大声で言い張ったわけではない。男の子たちは「おおー、なんだいきなり」と驚いていたが、「鋭いことを言ってくれている。よく聴け」と言って聞かせた。

「私たちはお母さんじゃない、ってさっき言ったけど、もしかしたらお母さんにならどんなに甘えてもいいと思ってること自体が間違ってるかもしれないよ。今日家に帰ったらじっとお母さんの顔を見てみなさい。母は母やってるだけじゃないいんだから」

と最後に私が言ったことばの意味は、何人に通じたかわからないが、少なくとも秋菜には伝わったはずだ。

6. 春樹とカズ――I先生に支えられて

カズがよく保健室に行くようになったのは二学期の半ば頃からだった。発熱して親に引き取りを頼もうと連絡をとろうとしたがどうしてもとれなかったとき、数時間を保健室のベッドで過ごし、I先生にやさしくしてもらったカズは、それから頻繁に保健室に足を運ぶようになったのだ。

「大したことないことが多いんだけどね。すごいおおげさだよね、あの子」と、I先生。

「さわってほしいんだよ、Iさんに。そうすると安心するのよ。私教室であの子に十分さわれてないと思うんだ」

「まあねえ、原田さんとこいろいろいるからねぇ。私なんかてっちゃんひとりだってもてあましちゃうのにさ……」

「てっちゃんはいつも背中にしょってる。ひざに稔。ヤスは手をひっぱるし、純也と夏樹も離れないし、幸太は肩組んでくるし……。もうさわりきれないよ〜。Iさん、カズをさわってやって。あと春樹も頼むわ。春樹もね、Iさんとふれあえるのがうれしくて保健委員になったんだから」

「保健室もさわってもらいたい子だらけで大繁盛なんだけどね。カズって体大きいしさ、ちょっと声変わり始まってるじゃない。ギョッとしちゃうんだよね。でも大きさで判断しちゃいけないいな。うん。がんばってさわるワ」

卒業を祝う会で、カズはI先生への「感謝のことば」を発表した。

「いつもやさしくしてくれてうれしかったです。それから、いろいろ話を聞いてくれて、悩み事とかも聞いてくれて、本当にありがとうございました」

それを聞いたI先生は、「悩み事なんか聞いたことあったかなぁ」と首を傾げる。他愛もないことなのだろう。でも、カズにとってはI先生に「聞いてもらっている」という実感があったのだ。

卒業記念に作った小物を、カズはI先生にプレゼントした。「カズ〜、私にはプレゼントないの〜?」と言うと、「原田先生にはいつもぼくの愛をプレゼントしてるじゃないか」と笑う。それは、保健室でのやすらぎが育ててくれた笑顔だった。

ふみちゃんの「ごめんね…」

異動してきたふみちゃんが職員室に入ってきたとき、私たちの間には軽い緊張が走った。その日あいさつに立った新しい職員は何人もいたのに、私の目はふみちゃんに吸い寄せられたままだった。総白髪を淡く紫に染め、かちっとしたワンピースに身を包んだふみちゃんのまなざしは鋭く、私たちを油断なく見渡しているようだった。

「こわそう……」私は隣りに立っている仲よしの同僚に耳打ちした。「相当厳しい人らしいよ」彼女もふみちゃんから目をそらせないまま、言った。私たちは三〇代になったばかりだった。

朝、いつもぎりぎりで職員室にかけこむ私は、「遅い！」と年中ふみちゃんに叱られるようになった。「すいませーん」「あなた昨日もすいませんだったわよ」「すいませーん」「明日もすいませんでしょ?」「すいませーん」「ったくもう…」言いながらにやりと笑う。それはまるで「合言葉」のようだった。

ふみちゃんは、厳しくて、仕事ができて、懐が深くて、そして私にとって「話の噛み合う」初めての教頭だった。男たちが散々にとっちらかしたままだった校長室の書類棚を見事に整理したり、会議を効率よく進めたり、いくつもの無駄な儀礼を省いたり……おかげで私たちはそれまでより明らかに仕事がしやすくなった。

「いつまでだらだら仕事してんじゃないの」

「仕事が多すぎるんですけど」

「そりゃあたしのせいじゃない」

「ですよねぇ～。……いやでもちょっとは『せい』じゃないすか。先輩として…」

「いいからてきぱきやる！」

「はーい」……ふみちゃんと交わす他愛のない会話も、私の楽しみのひとつになった。もちろん、指導のことで相談に乗っていただいたりもした。

職員会議の後、納得がいかずにふくれっ面のままでいる私に、すれ違いざま「あなたね、折り合いつけるって意味わかる？」と言うふみちゃんの口調は、苦笑交じりだったりした。

年度末、体調がおもわしくない先輩教師Mさんが不本意ながら来年度の高学年担任になると知って、同僚とともに抗議に行った。Mさんにはきつい、自分が代わりをやってもいい……といった私たちの話をじっと聴いた後、ふみちゃんは笑顔で「わかってるわよ」と言った。でも、「それじゃ変更してもらえるんですね」と私が言い終わらないうちに飛んできた「あまい！」の声も目も、鋭くとがっていた。

「ばかなこと言いなさんな。Mはやらなきゃならないの。それがMのため。以上。話は終わり！」

圧倒されてすごすご戻りながら、私たちはことばもなかった。

同僚といっしょにふみちゃんのご自宅に遊びに行くと、そこにはやさしい目をした夫のイチロウさんがいた。「ふみちゃん、年なんだからそんなに飲まないの」とそのイチロウさんに注意されながらも、ふみちゃんは終始にこにこと私たちにつきあってくれた。そのときからだ。私たちが彼女のことを話題にするとき「ふみちゃんがさ……」と愛をこめて言うようになったのは。こっそりと、イチロウさんに倣ったのだ。

日教組が連合に加盟しようとしている頃だった。私はひとりで作ったビラをひとりで職場の人たちに配っていた。「連合加盟反対」のシリーズビラだ。組合の役員に初めて立候補したのもその年だった。「がんばるわね」「体だいじょうぶ?」「無理しなさんな」とふみちゃんはただほほ笑んでいた。

赴任から二年後、ふみちゃんが退職するという噂が聞こえてきた。

「なんでですか? まだ定年じゃないじゃないですか。もっとやって下さい。この学校にいて下さい」

あまい! って叱られても、今度ばかりは簡単にすごすごと戻ったりしない、と心に決めて言い募った。

「ありがたいね。でも、もうじゅうぶんなの。校長なんざやりたかないしね…」

ふみちゃんの声はやさしかった。やさしくて、温かくて、でも決然としていた。

「自分がいやなことを人に強制したかないでしょ」

日の丸・君が代の強制の動きも次第に強くなってきている頃だった。

「これからどんどん厳しくなるね。いろいろと。大変だね、あなたたち」

何を言っていいかわからなかった。ふみちゃんの顔を見ていることもできなくなった。

「私は、遠くから応援させてもらうことにするわ」

ふみちゃんにはきっと見えているに違いない。俯いたまま、ただ、いやだ、いやだ、と駄々っ子のように心の中で首を振っている私の姿が。苦笑しているだろうなぁ、と思った。でも……。

「ごめんね……」

ふみちゃんの声は湿っていた。思いがけず、ふいにこみあげてきたものを懸命にこらえながら、私はいつまでも顔を上げることができなかった。

「セックスしよう」っていうと、なんで恥ずかしい？
――子ども向け性情報の氾濫のなかで

教師になって四年目の夏、その年の春まで私のクラスにいた中学一年のアスカが家出をしたとの連絡を受けて、母親といっしょに探しまわった。数日してやっと家に戻ったアスカは、「やさしいおじさん」に声をかけられて売春をしていたことを私に告げた。やがて売春組織の元締めとしてその「やさしいおじさん」は逮捕されるのだが、「おじさんは悪くない」と言いはるアスカに、私はかけることばがなかった。

つぎに受けもった六年では、となりのクラスに不登校の女の子がいた。久しぶりに顔を見せた卒業式で、彼女は「体の具合が悪く長時間立っていられない」と言っていたが、その「体調不良」が妊娠によるものだと気づいた者はいなかった。中一で出産した彼女の子どもは親戚に預けられているということだ。彼女はもちろん中学校にも行っていない。

数年後に受けもった子の母親からもちかけられた相談は、受けもった子の姉についてだった。そこで初めて知らされた事実――彼女が六年生のとき、母親の再婚相手の三〇代前半の夫に犯され、妊娠・中絶していた――に、当時の担任も含め、やはり学校の者はだれも気づいていなかった。

彼女たち（男の子も含めて）はすでに「性的身体」をもっている。「性についての関心」の有無とそれは関わりがない。もちろん彼女たちの何らかの所作のせいでもなく、「身体」は「性的」なのだ。そういう認識のうえに、みずからの教育実践を見直す必要があるのではないか、と考えつづけてきた。

試行錯誤はいまも続いている。

1．〝下ネタ〟とびかう六年一組、「性への関心」は明けっぴろげ

六年一組は、そこここで下ネタの行きかう、一見、「下品」なクラスである。ことの発端は私と男子三人組の対話から始まった。五年当初、この三人は教師の指示は無視、注意には反抗、まわりの子には嘲笑や暴言・暴力、授業にはまったく参加せず、立ち歩いたり私語を交わしたりといった状態だった。彼らがこそこそ話し、くすくす笑いあっているその内容は、下ネタと悪口であった。私が彼らとつながるためのいちばんの近道は下ネタにつきあうことだった。下ネタをとおして、私と三人は少しずつ「仲良し」になっていった。

しかし、「下ネタは彼らとつながるための手段にすぎない」「さんざん言わせりゃ、やがて言わなくなる」などと考えていたわけではない。性をめぐる対話のおもしろさを知ったら、それは広まっていきこそすれ尻すぼみになどはならない。思ったとおり、それは広まる一方だった。

ヤマト「先生、チンコの皮がむけないと大変なの？」
わたし「そんなことないよ。場合によっては手術することもあるけどね」
ヤマト「えーっ、それって痛いの？」
わたし「だれに聞いてんのよ。あたしゃ、やったことないから知らん」
ヤマト「ねえ、カズミの兄貴ってむけてる？」

カズミ「見たことないから知らないよ」
ヤマト「ちゃんと見てこいよ〜」
わたし「そんなことよりむけるむけないがなんで問題なのか、でしょ。よく聴いておきなさいよ、それはね……」

そんな会話に、女の子たちも「キャー」だの「いやあ〜」だの言わない。

彼らが、自身の身体が性的であることについてどの程度、どのように認識しているのか、あるいはしていないのか、また、彼らの性的関心がどこに、どのように向いているのかといったことを、わたしは把握しておきたかったし、子どもたちがたがいにそれを知っておく必要があるとも考えていた。性をめぐる対話のいきかう教室は、意図的につくられたと言ってもよい。

修学旅行で、行き帰りの電車のなかでえんえん「王様ゲーム」に興じ、「四番と八番がポッキーを食べる」という指示に喜々としてキスしそうなほど口を近づけあったりしていたのは、三人組やかえでたち（後述）ではなく、いわゆる「普通の子」たちであった。

思春期を迎え、あるいはその手前で、彼らはその旺盛な「性への関心」や「疑問」を明けっ広げにしながら楽しみ、またいくつもの学習の機会をつくり出していた。

ヨウスケがマキに向かって言った「マキ〜、おまえ性格は男みたいなくせして胸でかいぞ〜」のひとことや、修学旅行の室内レクで、安室の曲を歌う女の子たちに対して飛んでいた「もっと腰ふれ〜！」という男の子たちのかけ声が、じつは「セクシュアル・ハラスメント」であり、男女差別であり、人権侵害だということも、彼らは学んだ。明けっ広げであることで、彼らは「体験をとおして学ぶ」機会に何度も出会うことができた。

2．子ども向け性情報誌、興味あるけど見るのコワイよ！

五月のはじめ、かえでが『〇〇ティーン』（女の子向け性情報誌）を教室に持ち込んでいることがわかった。

その日の放課後、視聴覚室に「このテの雑誌を見たことがあると思われる女の子たち」をかえでに集めてもらった。六人の女の子たちは、「説教か？」と訝しがりながら集まってきた。

「ちょっといろいろ話したいことがあってさ。ごめんね。居残りさせちゃって」と言いながら雑誌を出した。女の子たちがサッと身構えるのがわかる。

パラパラとページをくりながらつぶやく。

わたし「こういうのさ～、先生も見たくてしょうがない時期があったなぁ」

かえで「やだ。先生、恥ずかしい～」

わたし「なに言ってんの。かえでだって見たくて見たんだろうが」

かえで「えー、あたしはさぁ、レイコちゃん（中一）におもしろいから買ってみなって言われて買っちゃっただけだもん」

わたし「で？　おもしろかった？」
かえで「おもしろくないよ〜。なんか気持ち悪くなっちゃった」
みさき「あたしも見せてもらったけど、気持ち悪いよね〜」
わたし「気持ち悪い、か。マキは？」
マキ「あたしはチラッと見ただけ」
わたし「チラッと見て、もっと見たくならなかった？」
マキ「うーん。興味はあるけど、なんかすごい露骨って感じじゃん。だから見るのこわいような気もした」
わたし「あっ、その感覚わかるなぁ。先生もさ、六年生のとき……」
友だちに誘われて、その友だちの親戚の家の物置を物色しにいった。そこには当時のわたしたちには刺激の強い性情報の載っている雑誌が無造作に置かれていた。それを盗み見るのが目的だった。そろそろ新しい雑誌が置かれるころだと、ころあいを見計らって、わたしたちは何度かその物置に忍び込んだものだった。そんな話をした。
わたし「でもさぁ、いまはこっそり盗み見なくても、ちゃんと子ども向けにこういう雑誌が出されてるんだから、あなたたちは堂々と見られていいよね。あのさぁ、なんで最近は子ども向けにこういうのが出るようになったんだろうねぇ」
マキ「先生だって見たかったって言ったじゃん。見たい人がいるってことは、えーと何だっけ」

チカ「需要と供給？」
マキ「ああ、それそれ。それなんじゃないの？」
わたし「なるほど。見たい人がいるから出るわけか。で、ここに集まったのはその『見たい人』なわけだよね」
ユウキ「えー、でもあたしたちだけかどうかわかんないよ〜」
わたし「うん。でもさ、興味や関心のもち方って人それぞれだから、いまはこういうのにまだ興味ないって人もいるんじゃない」
ユウキ「まあ、たしかにアヤカちゃんとかはないだろうなぁ」

3. 〝援助交際〟って、聞いたことある？

わたし「でもこれ、よーく読むと、ウソもいっぱいあるぞ」
ユウキ「あっ、あたしもそう思った」
わたし「どのへん？」
ユウキ「なんかさ〜、この読者の声とかなんかウソっぽくない？」
わたし「どれどれ。『この前渋谷で声かけてきたダサダサのナンパ野郎……』。へ〜、これウソっぽい？」

ユウキ「うん。だってこんなことわざわざハガキに書いてポストに入れて投書するかなぁ、こういう女子高生さんが」
マキ「あっ、そうだよね。こういう人はハガキなんか書かないって」
わたし「う、するどい！　そうかぁ。それは気がつかなかったなぁ。ねえ、そうすると、これはだれが書いてるわけ？」
ユウキ「編集の人とか？」
わたし「おじさんか」
みさき「げっ。気持ちわりぃ～」
ユウキ「あれ、そんじゃ先生がウソだって言ったのはどのへん？」
わたし「この『わたしの売春体験』とかさ」
みさき「えー、それもおやじが書いてんの～」
わたし「おやじとは限らないけど、編集の人って可能性はあるよね。だって文がうますぎるもん」
かえで「ひ～、あたしゃすっかりだまされてたよ～」
わたし「それでさ、さっきの『見たい人がいるから出る』って話だけどさ、じつは先生はそれだけじゃないんじゃないかと思ってるんだ」
子どもたちはしだいに身を乗りだしてくる。
わたし「ちょっと話とぶけど、〝援助交際〟って聞いたことある？」

かえで「知ってる」(ほかの子もうなずく)

わたし「このなかにやってる子いる?」

「まっさか~」「いるわけないじゃん」「なに言ってんの、先生~」「やだ、もう~」……。大騒ぎである。

買売春の話をした。援助交際だけでなく組織的な買売春もあること。女の子の側がすすんでしている場合もあるが、巻き込まれたり利用されたりしている場合もあること。精神的につらい思いをする場合もあること。

わたし「いまさぁ、みんなに〝援助交際〟のこと聞いたら『まさか』って言ったじゃん。でもいま女子高生とか、中学生にもいるなぁ、どのくらいの数だかはっきりはわかんないけど、売春してる人ってけっこういるんだよね。あなたたち、もう少し大人になったらどう? やってみたいと思う? 知らない男の人とセックスできそう? モノみたいに扱われちゃうこともあるけど、お金いっぱいもらえるらしいよ」

今度は一様に神妙な顔になってうつむいた。「やだ」と言ったきりユウキは涙ぐんでしまった。

わたし「ごめん。ちょっとひどい聞き方だったかもしれない。そうだよね。いまはそういう気持ちだと思う。ごめんね、ユウキ」

マキも涙をぬぐっている。

わたし「でもさ、もしかしたらいま売春してる女の子たちだって、六年生のころはいまのみんなと同じだったかもしれないよ」

性産業が隆盛をきわめている。商品としてのターゲットはおもに少女たち。その少女がセックスに尻込みしているようでは商売は成立しない。奔放で、しかも無知でなくてはならない。躊躇なくみずからの性的身体を商品として差し出すことのできる少女たちが性産業にとっては必要なのだ。そういう少女たちを育てるために、あの手この手がとられている……。そんな話をした。

わたし「かえでがさっき『だまされてた』って言ったけど、だます側にも理由があるわけだよね」

かえで「こういう雑誌を買うのって、もうだまされてるってことか」

わたし「いや、見たいものは見てもいいけどさ、そこに含まれてるウソと、なんでわざわざウソ書いてまでこういう雑誌が作られてるのかってことを考えればいいんじゃない」

4.「セックスしよう」って言うとなんで恥ずかしいのかな?

二学期、かえでがヨウスケの音楽の教科書に、「きのうはごめんね。こんどセックスしようね。by かえで」と書いた。

音楽専科の教師にそれを発見され、かえでは音楽教室を飛び出したが、ほどなくして戻ってきた。休み時間、かえでと話した。

「なんで飛び出しちゃったのよ。久々だよねぇ。ここんとこずっとなかったのに」

かえでは四年のとき、週に一度ほどの頻度でトラブル—興奮—教室飛び出しをくり返していた。家に帰ってしまったことも数えきれない。はさみを持ちだして「殺してやる！」と相手に向かっていったり、三階の窓から飛び降りようとしたり、とにかく「お騒がせ」なら枚挙に暇がない。

五年になって興奮の回数は減り、家に帰ることもなくなり、六年になってからはまだ一度も飛び出していなかった。ただ、このころは、私立受験に向けての塾通いの疲れと神経の高ぶり、不安感に押し潰されそうになっている様子は感じられた。

「なんか我慢できなくなっちゃって」

「うん。かえで、ちょっと最近、疲れてるよね。なんか笑顔がつらそうだもん」

「………」

「我慢できなくてヨウスケの教科書に落書きしたの？」

「うん、まあ……」

「ただの落書きなら飛び出すことはないよね。ただ内容が……。もしかして『恥ずかしい』って気持ちあった？」

「………」（うなずく）

「そうかぁ。そこが問題だな。『セックスしよう』って言ったらなんで恥ずかしいんだろう。前にさ、かえでが『○○ティーン』を学校に持ってきたとき、先生が『こういうの見たくてしようがないころって先生にもあったなぁ』って言ったら、『やだ、先生、恥ずかしい』って言ったじゃん。ねえ、なんで恥ずかしいんだろうねえ」

「わかんない」

「わかんないでしょ。わかってたまるか、だよ。いろんな大人に聞いてみ。たいていの大人はわかんないぞ」

かえでは不思議そうに顔をあげた。

「ところでかえで、ホントにヨウスケと『セックスしたい』と思ったの？」

「うーん、そうじゃないんだけど。なんで書いちゃったのかなぁ。わかんない」

「そうか。それじゃそのへんはわかってからにしなよ、誘うのは。ヨウスケだって混乱するよ。もしもそうやって混乱させて楽しんでるとしたら、それも一種のセクハラだと思うぞ」

かえでの『セックスしよう』をどう受け止め、子どもたちに何を伝えればいいのか。どんな学びが必要なのだろうか。

5．絵本『6人のともだち』でそれぞれの性を読みとろう

しばらく悩んだ末、自分のセクシュアリティーをさぐりながら、「どう生きていくか」をそれぞれが自分に問うていくような授業をしたいと考え、『6人のともだち』（村瀬幸浩 監修、木谷麦子 文、佐藤真紀子 絵、ポプラ社）という絵本を教材に選んだ。「からだとこころをもった、ひとりひとりの誕生と生と死」、そしてそれら「すべてとむすびついて、性」を、六人の子どもたちの成長を追いながら見つめ

ていく。そんな絵本だ。

ワークシートを作り、絵本の一ページ一ページを読むごとに、そこに「わかったこと」や「感想」を書き、それを発表して交流する。

ピンクのベビー服を着た男の子、松葉杖の子、養護施設にはいっている子、大きな体で「小物作り」を趣味とする男の子、いちばん初めに初経を迎える元気いっぱいの女の子……六人の成長を追いながら、子どもたちは自分たちのなかにあった「思い込み」や「偏見」、そして「差別」を発見していく。

たとえば、小学校一年になった六人が校庭で遊んでいるシーン。のんびりやのヒロシは、足が不自由で松葉杖をついている。おっちょこちょいのノブユキは、会話のなかで「ぼくのいる養護施設」と話している。

この場面に出会って、ナオヤはワークシートにこう書いた。

「この子たちはいじめられるかもしれない。『みんなと違う』っていう理由でいじめたり、多数が少数を差別したりってことがあるから。ぼくはそういうことはしたくない」

ナオヤの書いた文をもとに、六人の個性を読みとり、「よく考えたらひとりひとり『みんな』が『違う』んだよね。だからいいんだ。みんな同じなわけないんだ」ということを多くの子どもたちが〝発見〟した。

また、思春期を迎えた六人がそれぞれだれかを好きになるというシーンで、子どもたちはまたひとつの衝撃を受ける。「ダイスケは女の子が好き。アユミは男の子が好き、サチコは女の子が好き。ヒロシは女の子が好き。そしてヒロシを好きな男の子がいる」という部分だ。「え？」「なんだって？」という反応でもういちどプリントを読みなおす。

でも、ここまで六人の成長を追ってきて、そして自分にひきつけても「好きになるってすてきなことだ」と思いはじめていた子どもたちは、じきに自分たちのなかにあった「少数者（同性愛者）に対する偏見」を発見し、驚く。そして、きっと思いがかなわないであろう「ヒロシを好きな男の子」に同情的になる。

「みんな好きになるタイプが違うんだなぁと思った。女の子は男の子を好きになるって決めつけてたけど、そういうのもいろいろあるんだな。自分のなかにも偏見があったなぁ。絶対にうまくいかなくても、あきらめないで思い続けていれば、なんかいいことあるかも。私は人と違うからやめよう、なんてそんなふうに考えなくていいと思う」（チカ）

「だれがだれを好きになってもいい。人と人とはしゅみがちがうからということがわかった」（ヨウスケ）

しかし、驚きながらも、つぎのページの「すきなあいてにふれたい……、そのきもちもたいせつなこと」という一文からはじまるシーンに救われた思いをした子も多いようだ。ここでは、六人の主人公それぞれのパートナーとのふれあいが描かれている。

「このページ（とくに女の子同士のふれあいと裸の男女のふれあい）を見て、私は一しゅん『ドキッ』とした。このドキッとした気持ちから差別の方へとつながるのかもしれない。このページには、夢中になって話したって、指さきや手がふれたってすてき、ってかいてあるけれども、その通りだと思う。好きな人といれば何をしたって、すてき。今までセックスということに対していやらしい気持ちがあった。けどそれもすてきなんだということがわかった」（ユウキ）

「成長のスピードも違うけど、恋をするスピードも違う。それがいいことだということがわかった。ぼくは、好きな人と話をしたいです」（ノブヤ）

「私も、好きな人がいる。その人と、ずっとずっと、近くにいたい。いつもいっしょなら、と思う。けど、相手も、私の事を感じなきゃいけない。なにするにも相手の気持ちを大切にしなきゃいけないという事がわかった」（かえで）

三〇～四〇代の六人のそれぞれの暮らし方は、子どもたちの「家族観」をゆさぶった。女同士で暮らすサチコ、未婚で子育てをするダイスケ、再婚したノブユキ……。やがて主人公たちは、それぞれの老後を迎える。八〇代まで生きているのは三人になった。

「いまでも、そしてこれからも、彼らはきっと自分たち『らしい』」と結び、絵本は終わる。

6．いつのまにか身についた偏見、みんなちがっているからいい！

「わかったことや変わったことは何？　そしてあなたはどんなふうに生きたい？」というワークシートの最後の問いに子どもたちはさまざまなことを書いた。

「私は、むりやりきらいな物を食べさせられたらすごくいやだ。自分の好きなものを見つけ、それを

実現していく生き方をしたい」（みさき）

「自分の知らないところで、差別の心があった。それをこの授業で発見できた。『いまでも、そしてこれからも、彼らはきっと自分たちらしい』いいことばですね。感動しました。私は、バリバリ働いて、社会に出てから結婚しよう。もし、結婚してないのに子どもができたら認知届を出させる」（カナ）

「サチコは好きな女性と彼女の子どもと住んでいるのを、『6人のともだち』の勉強をする前に聞いたら差別したと思う。でも今はちがう。サチコは前から女の子が好きで、今はいっしょに暮らすという夢がかなったんだからよかったなと思った。わたしは早めに結婚したい。それで子どもが一人か二人ほしい。仕事もしたい」（マキ）

「ぼくはこの『6人のともだち』を見るまでセックスとかそういうのを変だと思っていた。でも、別に大人になればセックスなんてただの日常的な事なんだなぁと思った。ぼくはけっこんして子どもができて平和にくらしていきたい」（ヤマト）

「差別とかの理由やもとなどが分かった。ぼくも差別していたけど『こんなくだらないことで差別してたんだ』と思った。若い人とお年寄りの性に対する考えの違いも分かった。ぼくはけっこんはしたくないけど子どもはほしい。んでもってにぎやかな生活をしたい」（ナオヤ）

何人かの文を読み、つぎのようにしめくくった。

「みんなはいま一一歳から一二歳。ここまで生きてくるなかでも、いつの間にかいろんな思い込みや偏見を身につけてきたんだってことがわかったね。でも、それは決してあなたたちのせいじゃない。むしろ、こんなに早くそのことに気づいたあなたたちはすばらしいと思うよ。気づいたってことは、それだけ選択肢が増えたってこと。それから、あなたのからだはだれのもの？ そう、あなたのもの。からだも心も。それを大事にしながら、これからどう生きたい？ だれと生きたい？ それはまた変化するかもしれない。たくさんの生き方のなかから、あなたたちはこれから選んでいくことができるはずだよ。自分らしく、すてきな生き方をしていこうね、おたがいに」

XII

届かないことば　届きあうことば

1．子どもを恐れ、目をそむける教師たち

児童数一〇〇〇人を超える小学校で、六年生を担任していた。五月末、主に六年生が使う女子トイレの一番奥の個室の壁に、その文字は書かれていた。

「死にたい」

金属製の手すりに血のようなものがなすりつけられてあり、「これは私がリストカットをした血です」とも。

校内の児童指導報告会でこの一件を報告したとき、「やだ、恐い」と顔をしかめる教師たちがいた。

六年生には、抜毛症の子がいる。思春期うつや自立神経失調と診断され、不登校になっている子たちもいる。彼女たちは投薬やカウンセリングを受けながら苦しい日々を送っている。昨年度も似たような症状の子たちがいた。

児童指導報告会では、六年からの報告が最も多い。好きな女の子のプロフィール帳に書かれた情報を、その友だちから五百円で買った男の子のこと、女子グループのトラブル、男の子同士の喧嘩、器物破損、セクハラ等々。

子どもたちの生きづらさが、このように身体化・行動化されるとき、それを「恐い」と感じる教師たちのその「恐さ」は「理解の範疇を越える」という理由から来ている。

「小学生がそんなことするなんて……」

「六年生、大変ね。私なんかとても担任できないわ」

「最近の高学年て何するかわからない。ぞっとする」

何をするかわからないのは、高学年に限ったことではない。でも、思春期葛藤に足を踏み入れた子たちの生きづらさが表出される姿は、多くの小学校教師の描く「子ども像」からあまりにも逸脱している。

「もっと自分を大切にしなさい」

「相手の子の気持ちになってみましょう」

これらのことばが、その「逸脱」した子どもたちには届かないであろうことを、多くの教師たちは知っている。それでも代わりのことばを持たない教師は、「恐い」と感じる。

「仲良くできる子　元気な子　自分を伸ばす子」

「よく考え進んで学ぶ子　明るく思いやりのある子　健康でたくましい子」

これらは、小学校の学校教育目標の中の「子ども像」の一般的なものである。仲良くできない、とても元気ではいられない、進んで学ぶ気にならない、健康を損ねてしまった……子どもたちが抱える事情は、その子自身が望んで引き受けたものではない。多くの教師はそのことに気付いている。しかし、「気付いている」ことと、それを「受け止める」こととの間には大きな隔たりがある。受け止めたところで、そこから「子ども像」へと導くすじみちが見えないのである。教師の感情もまた受け止めることを阻害する。

とりわけ暴力性（それがその子自身に向けられたものであっても、他者に対してであっても）から目をそむけたい、という思いは強い。現象のみを否定的にとらえ権力的におさえつける、親の子育ての問題にして自らの教育実践の限界を宣言する。目をそむけるとは、このような発想や行為となって現れる。同時に、「子ども像」そのものを批判的に検討することからも目をそむけ続けることになる。

私自身も、「恐い」と感じることはしばしばある。

2. 届かなかったことば

もちろん、目をそむけずに懸命に語りかける教師たちもいる。しかし、「あなたのために」という教師のことばが、彼らの抱えている現実を共有するところからではなく、あるべき「子ども像」に向かうことを前提として発せられるとき、子どもたちはそれを見抜く。

私のクラスに哲也という子がいた。哲也のことを報告しながら、「ことばが届く」ための課題について提案したい。

五年の三学期、哲也は荒れていた。授業妨害、同級生への暴言・暴力、ケンカ、器物破損、教師反抗……。兆しはもっと早く（すでに低学年の頃）からあったことは後になって分かるのだが、それが爆発的に現れたのが五年三学期であった。当時中学受験のために哲也が通っていた塾は、宿題が多いことで有名であった。

「ストレスを感じてるんじゃない？」

ある予測をもちながら担任が発したことばに哲也は無言であったが、「そのストレスがどこから来るのか、いっしょにさがしていこうね」ということばにはうなずいた。しかしその後、哲也は担任のことばを全く受け入れなくなった。

「無駄なんだよねぇ。もう何も言ってくれなくていいから。先生のことばで何かが変わるなんて全然思わないし」

同じ学年教師として、私も何度か哲也のいる教室に駆け込んだし、哲也と向き合いもしたが、「なんでオレばっかりに言うわけ？」と鋭い目で問い返され、「届かない」という思いにうちひしがれるばかりであった。

なぜ届かなかったのか。それは、私たちが彼を恐れ、彼のことばに耳を貸すことがなかったからである。もちろん聴こうとはしていた。「いっしょにさがしていこう」と担任が語ったということを聞いたとき、それでいいと思っていた。でも、そのとき私たちの中にあったのは、「受験勉強のストレスが原因」「気付かずに強要している親も問題」という決めつけであり、それを哲也と親に自覚させることで、彼から直接的・間接的に被害を受けている周囲の子どもたちを救いたい、という思いであった。

つまり、私たちは哲也の内奥から発せられる救いを求める声に出会おうとはしていなかったのだ。救いを求めているのは哲也自身である、という予測をもたなかった訳ではない。でも、目の前でくり広げられる「荒れた様相」に目を奪われ、哲也自身を見失っていた。「荒れる」という自動詞のことばが、この事態の真相を隠蔽していた。哲也は、竹内常一氏の言うように「おかされ」「おかす」日常を懸命に生きていたのだということは、後になって見えてきた。

3．哲也のことばを聴き取る

六年になり、哲也の担任になった。三・四年時に哲也と同じクラスでいっしょに「悪さ」をくり返していた英志もまた同じだ。英志は、五年時には私のクラスだった。そのクラスでは、英志の批判的なまなざしを契機に多くの学びを生み出すことができた。五年の終わり頃、英志は、「オレ、六年になったら哲也といっしょのクラスになって、担任は原田先生になるような気がする」と言っていた。当時、哲也が暴れ始めるとその教室に駆けつける私の姿を見ながら、「自分にも関わらせてくれ」という思いが英志の中に生じつつある、と私は受け止めていた。

英志とともに、私は哲也のことばを聴き取り始めた。はじめは、かつての英志との対話がそうであったように、理解と感想（否定的な評価を含まない）、ときに肯定、質問、彼の質問への回答……そのくり返しであった。傍らに英志がいるから、哲也は少しだけ気を緩めたように、いろいろなことばを発した。女の子を品定めするようなことを頻繁に口にした。偏差値の高低で「頭いい」「ばか」と友だちを評することも多かった。授業の内容を「これは受験に役立つのか」と問うてくることもあった。

哲也のことばを受け止めながら、私は内心「何てわかりやすい子だろう」と感じていた。女性の品定めは、多くのメディアがのべつまくなしに垂れ流している、差別にもとづく嘲笑の文化を反映するものだし、「偏差値云々」「受験に役立つ云々」も彼を取り巻く現実のひとつの象徴である。彼がそれを語るのは、語った内容を頭から否定しない相手に対して、である。だから私は、そういう者であろうとした。そうやって聴き取りながら、一方で英志をはじめ何人かの子と「哲也のことば」について語り合い、分析した。

同級生を愚弄する哲也のことばについて、「本心じゃねえよな」という英志のことばをきっかけに、子どもたちは様々な仮説を立てながら「なぜ哲也はあんなことを言うのか」をさぐった。その中で次第に見えてきたのは、常に誰かに承認されていたい、自分の居場所を確かめたい、安心したい、という彼の切実な願いだった。

英志たちは、いっしょに語り合ってきた女の子たちの提案で、ある日哲也を「てっちゃん」と呼び始めた。「やめろよ、その呼び方」と言いながらもどこかくすぐったそうな、そしてうれしそうな哲也の様子を子どもたちは見逃さなかった。痩せた体で腕力はなかったが、前のクラスのもっと弱い子をつかまえてからかったり蹴ったりもしている哲也の暴力性は、実は「弱さ」を受け入れることの恐怖から来ているのではないか、と彼らは読み解いたのだ。

「どうした?　てっちゃん。ふくれてないで言ってごらん」

「てっちゃーん、そんなに強がらないの!　ホントは弱いんだから」

そんなことばに、「お前らー!」と軽く怒って見せる哲也の顔は安らかだった。「よく吠える弱い仔犬みたいだね」と私が言うと、「仔犬かよぉ。情けねぇ〜」と笑ってみせた。それ以降、哲也は急速にとんがりを失くし、そして語り始めた。彼の生活現実やそれにまつわる悲痛な思いを。

哲也の額の上に直径三センチほどの円形脱毛を見つけたのは、五月半ばのことだった。それは、哲也が「兄の暴力」を語りだして間もない頃だった。中二の兄は部活をやめ、学校から帰るとパソコンの前を離れない。ネットでいろいろとまずい書き込みもしてるようだ、と哲也は言う。

いつ暴力をふるわれるかわからない。だから家にいないようにしている。塾が休みの日も、自習室に行く。部屋の壁を隣りからいきなり蹴られるのも恐怖だ。

いつものように英志を傍らに、堰を切ったように哲也は語った。

「ひでぇよ、あいつ。いなくなってほしい。あいつがどこかに留学でもしてくれればいいんだけど、それはないだろうから、オレが全寮制の中学に行くんだ」

このことばを哲也の母親に伝えたとき、「私も……実は留学でもしてくれればと思ってるんです」と涙ぐんだ。家族は「私領域」だとみなされ、しかもそのありようは母親の采配次第と多くの者が考える傾向が強い地域の中で、苦しんでいる母親、そして救いを求める哲也の姿が見えてきた。哲也が奪われてきたものの大きさは、私が思っていた以上だった。

英志たちの存在なしに、私はおそらくこれらのことばを聴き取ることはできなかっただろう。人は関係性の中で生きている。哲也が想定する「教師との関係性」(彼の中で私をふくめて「教師」とは「語るに足る相手」ではなかった)は、何としてもいったんリセットしなければならなかった。英志の存在が、それを後押ししてくれた。

私ひとりで哲也のことばを聴き取ることは困難だったと思われる理由は他にもある。子どもは子どもの世界の中で漏れ出す相手の姿を、あるとき大人より正確に見出す。子どもと大人の間にある断層は、多様である。もちろんそれは、「子どもと大人」に限らず、個人と個人のすべての間にある。「ある」という事実を見失ってはならないだろう。だから相手のことばを簡単に聴き取ることなどできない。多様にある断層を前提として、私たちは相手に向き合わなければならない。

子どものことばを聴き取ろうとするとき、そこにある断層をどう越えていくのか、これをひとりで探っていくことは困難である。だから私は、子どもとともに子どものことばに耳を傾けてきた。おそらくは子どもの世界にいる誰かが、内なる声と重ね合わせながら、彼のことばを最初に聴き取るのだから。

4．哲也にことばが届くとき

ある日、哲也とこんな会話をした。

「ねえ先生、少年法って知ってるでしょ。あれってさ、一四歳に満たない者は……だったんだよなぁ。オレ、間違えちゃったよ、昨日のテストで。一六歳って書いちゃった」

「へぇ、模試でそんな問題出るんだ」

「時事ネタって結構大事なんだよ。それよりさぁ、オレってまだ一二歳だから、人殺しても大丈夫なんだよなぁ」

「大丈夫って?」

「罪に問われないってこと」

「そんなことないでしょ。少年院には行かないけど」

「そうそう、少年院に行かなくて済むんだよね」

「行かなくて済むかぁ。確かに。でも、大丈夫じゃないよ、多分。想像できないほどの苦しみに襲われると思うなぁ」

「……そりゃあ、まあね。そうか。ずっと引きずって生きていくんだもんなぁ」

「それって、つらいだろうなぁ」

「そうだよね。全然大丈夫じゃないよ、うん」

この会話は、それからしばらく続いた。少年犯罪のいくつかが話題になり、彼と私の思いは重なったり、ずれたり、また重なったりした。

私は、哲也が発する「人を殺しても大丈夫」ということばにたじろがなくなった。彼がことばのやりとりの中で価値判断の手がかりを見つけようとしていることに気付いたからだ。それは私自身も同様だ。子どもが、そういう相手として目の前に立ち現れてきたとき、それが「互いに」ことばが届くときではないだろうか。

「おかされ」「おかす」ことをくり返していた頃、哲也は、彼が感じている「理不尽さ」を「ストレス」ということばで受け止められることを拒否した。哲也が無意識のうちに望んだのは、「ストレスの解消」でも「発散」でもなく、「変革」だったのだ。英志たちとのつながりの中で、彼自身がそれを発見した。私たちはいつでも、つながりながら変革に挑む。つながることで世界が見えてくるのだから。

5．学級討論会――もうひとつのテーマ

教室では、一学期からいくつかの少年事件をめぐって道徳の時間に討論をくり返してきた。この討論に、哲也は、身を乗り出すように参加するようになった。

「光高校事件」（高校生による教室への爆発物投げ入れ事件）をめぐる討論では、「加害者の少年はサバイバルゲームに熱中していた」と書かれた新聞記事について、「それが事件の原因であるかのような書き方はおかしい」と意見を言った。「親に責任はあるか」というテーマを設定したときには、「親のせいだけではない。学校とかマスコミとか、彼をとりまくいろんな環境が彼を追い込んだんだ」と真剣な口調で語った。

「ひとごとではない」と感じているかのような哲也の真剣さは、周囲の子どもたちにもじゅうぶん伝わってきたし、討論そのものの深化ももたらした。その姿に、子どもたちが語るに値するテーマで学びを立ち上げる、という大きな課題をつきつけられたように思った。

学年教師で相談し、二学期、国語の授業で本格的に「学級討論会」を取り上げることになった。

校内研究のテーマは「共生」である。指導案に書いた単元設定の理由は以下の通りである。

共生とは「他者とともに生きる」、とりわけ「異質な他者とともに生きる」ことであると考える。しかし、人とつながる力の弱まりは社会全般に広がっていて、この子どもたちも例外ではない。「学力」で優劣をつけられるまなざしが自他からあり、そこに思春期的な悩みも加わり自己肯定感が低くなっている中で、この子どもたちの「つながる力」はよりいっそう弱められている現状がある。

特に、「異質」とみなした相手との関わりは避ける傾向があり、そのためトラブルは頻発はしないが、「つながり」が細く短いままに「同質」らしき小さな仲間うちで日々を過ごすことが日常になっている子が多い。実は「異質」とみなした相手と自分の間に「つながる」契機があるという事実に子どもたちが気づいていくためには、意識的に機会を設定していく必要があると考える。

ここでは、ひとつのアプローチとして討論という形で「ことばを交わしあうこと」によって「つながり」を生み出していく可能性を追求していく授業を、取り立てて提案したいと考えた。

論題についてのひとりひとりの考えは、基本的にはその子の日常生活についての思いや考えを反映するものであるだろう。それは、その子の生活現実や生育歴、人との関係性と不可分ではない。そうして作られた主張を学級の中で交し合うとき、そこには、自分と同意見の者と違う意見の者がいるという事実に出会う。なぜ同じ（または似ている）なのか、違う意見の論拠は何か、と考えるとき、論題についての論考が深まるのと同時に、自己と他者についての理解がすすむのではないかと考えた。それは、相手がなぜそう考えるのか、そこに反映されている相手の生活現実とは何か、自分のそれとの違いは何か、という「もうひとつのテーマ」が浮かび上がってくるからである。

こうした討論を通して、自己や他者の見方も含めてものの見方や考え方を深めたり更新したりしていくこと、「みんな違ってみんないい」だけでなく、その違いをめぐってことばを交し合うからこそ「つながり」が生まれること、豊かな関係が生まれることに気付かせていきたい。

子どもとの対話から、各種メディアから、そして教師どうしの対話から、さまざまな論題を立ち上げていった。

「これで子どもを守れる　品川区で全小学生に『まもるっち』」（新聞記事より）

「スーパーで走り回ってワインを割った子どもを叱らなかった店員はやさしい」（新聞の読者投稿より）

「中学校は制服がよい」（教師が設定）

「ゆとり教育はすすめるべき」（子どもから「論題にしたい」という声）など。

「まもるっち」をめぐっては、「常に監視されているようで、いやだ」「子どもが犯罪にまきこまれることの多い時代だから仕方がない」「『まもる』の意味が違うのではないか」といった意見が交わされた。

「積極的賛成」はほとんどなく、賛成の側も「仕方がない」といった論調だった。

「スーパーでのできごと」では、「本当のやさしさとは叱ることではないか」「幼児にとって知らない人からの叱責は恐怖が大きすぎるのではないか」と論争になった。「制服問題」では、ジェンダーや思春期のおしゃれへのこだわり、秩序の問題などの視点から意見が出された。

そしてどの授業でも、授業後の振り返りシートには、「自分と友だちについて発見したこと」が書かれた。

「サエコさんが、ビシッと叱った方がいいという意見を言ったのには驚きました。普段のサエコさんはとにかくやさしい人、という印象だったけど、そのやさしさの裏にはきびしさがあるんだなぁと思いました。あっ、今日の『本当のやさしさとは』と関係しますね」と、こんな具合に。

討論会に限らず、対話や話し合いをする場合には、常に「もうひとつのテーマ」を視野に入れておくことが求められるだろう。話し合っている内容について考えを深めたり、結論を出したりする過程で、どれだけ自己や他者と出会い直すことができるか、ということである。

それは、対話や話し合いだけでなくすべての授業において欠かせない要素であると考える。効率性を求めるあまり子どもどうしの出会い直しが生まれず、「今ある関係性」をなぞるだけの生活指導や授業の展開では、「ことばを互いに響かせ合う教室」を創造することはできないだろう。

職員室では、学年教師が毎日授業の様子を報告しあった。

「『スーパー』を取り上げたとき、私が最初に『本当のやさしさって何だろうね』って言っちゃったから、子どもたちのほとんどが『店員のしたことはやさしさではない』って意見になっちゃって。あれは失敗でした」とS先生。

「外側からの評価」に左右されやすい面のあるこの子どもたちは、教師の反応によって意見が揺れてしまったりする。子どもがリアリティーを感じ、なおかつ教師も共に考え合うことのできる論題を選ぶことの大切さも確認し合った。

6. 哲也とカイとの出会い直し

「校舎の窓ガラス　わざと割ったら親が弁償する」

これは、ある市の新しい教育関連施策を取り上げた新聞記事の見出しである。数度目の討論会ではこれを論題にした。

親が弁償することによって、ガラスを割るという行為はよくないと親が子どもを叱るのではないか、だからこの施策は正しいという意見に、英志は次のように反論した。

「わざと窓ガラスを壊した子は、それほど悩みが大きいんだと思うから、怒っただけでは解決できないと思います。ゆっくり話し合った方がいいと思います」

その後、わざと窓ガラスを割るという行為はいったいどこから来るのかをめぐって討論が展開された。

「学校が楽しくて、毎日楽しみだったらストレスもたまらないと思うから、親の責任とは限らないと思う」

「学校が楽しかったとしても、もしかしたら家で何かがあって、家ではストレスを晴らせないから学校でやってるのかもしれない」

「その子が抱えている心の問題が原因だと思う。たとえばいじめとかあって、それで割っちゃったとしたら、いじめた子が悪いと思うし、それに気づいてやれなかった学校も悪いから、学校が払うべきだと思う」

哲也は、論題について「是」という立場で次のように意見を言った。

「学校が支払うってことになると、税金を使うってことになります。今は日本は多額の借金とかしていて、そんなくだらないことに金を使っているヒマはないので、親が弁償するべきです」

「反対です。問題があるなら学校で解決するべきだし、未来を作る子どもたちのために税金を使うのはいいことだと思います」

この反論を受けても哲也の意見は変わらず、「税金の無駄」をくり返した。「いちばんガラスを割りそうなやつ」とみなされている（実際にそれまでも、そしてその後も哲也は「器物破損」をくり返した。わざとであった場合も、そうでない場合もあったが）哲也のこの意見には、多くの子が首を傾げていた。私も同様である。そのとき、また哲也が発言した。

「また税金の話になるんだけど（「もういいよ、税金は」という周囲の声に）、まあいいからちょっと聞いてよ。明日の生活が苦しい人まで無理して税金を払っているのに、学校の窓ガラスを割ったなんてことにその税金を使うのはおかしいんじゃないですか。もっと生活が大変な人のために税金は使うべきだと思います」

そうだったのか、とここで私は思い当たることがあるのに気付いた。私だけではなかったらしい。子どもたちのつぶやきも聞こえてきた。

「あっ、そういうこと考えてたのか」

「てっちゃん、最近『税金の使い道』問題にこだわってたからなぁ」

「あと法律問題ね」

時事問題と法律に関心が高く、ちょうどその頃は「イージス艦の派遣はおかしい」「ミサイル防衛を可能にする自衛隊法改正は憲法違反じゃないか」とよく話していた。当然「軍事費の増大」問題にも関心をもっていた。「そんなことに税金使うなよ」は哲也の口癖だったのだ。「将来は検事になりたい」と言い始めたのもこの頃だった。哲也なりの関心の持ち方が、その日の発言につながっていたのだ。

「でも生活が苦しい人の子どもがガラスを割ったらどうするんですか？」

という反論には、「あっ、そうかぁ」と納得した様子の哲也だったが、彼の発言は再度彼との「出会い直し」を私たちにもたらしてくれた。

討論会では、終盤、カイの次の発言に教室がしんとした。

「ぼくは、五年のときにちょっとそういうこと（いじめ）があって、だけど家に帰ってきてお母さんとかお父さんとか見ると、そういうことは忘れちゃって、家にいるから安心、てなって、親には言いづらくて、親には言えないから……だけど学校ではずっとやられてたから、学校は気づくべき……気づいてほしかった」

カイが「いじめられ体験」を私に語ったのは、二学期の初め頃だった。「知ってるのは前のクラスの何人かだけだと思う。親も知らないし……」と話すカイの傍らにはマヤがいた。三年生のときからずっと同じクラスで仲良しのマヤが「よくがんばったよね、カイ」と言うと、カイは一瞬目をうるませていた。運動会では応援団長をつとめたカイ。歌や踊りが大好きで、すべりまくってもギャグを言い続ける彼は、クラスのみんなに「明るい」と言われる。そのカイの発言に、子どもたちは衝撃を受けていた。

この討論会でも、論題をめぐって話し合いながら、子どもたちは「もうひとつのテーマ」にせまっていたように思う。「ふり返りシート」には次のように書かれていた。

「ぼくの意見は、やっぱり学校が弁償するべきだと思います。先生が気づくべきだったと思うし、その気づくことも学校の先生の仕事だと思うから。それができなかった学校に責任があると思います。それから、カイの最後の意見に、いいづらいことを言えて勇気があるなぁーと思いました」

「ぼくがいい発言をしたと思った人は、油井さん（哲也）や梶原さんです。油井さんは、国民のことを考えていると聞いて、とても感心しました。でもぼくは、学校は税金を使って建てられているものだから、このような事件があることを承知でなりたっていると思う。梶原さんの、親はガラス代を弁償してもしなくても子どもをしかる、という意見に賛成です。永山さんの、家のストレスを学校に持ち込むというのは、ストレスにも色々あり、受験勉強などは、自分で選んだ道だから、学校に持ち込むというのは少しおかしいと思う」

「江田さん（カイ）は五年生のときの体験を例に話してくれたのでとてもよかったと思う。私はそういうことを感じたことはないけど、みんないろいろな体験をしているんだなと思った。みんな強いな、と思った。永山さんの意見は、どんなときでもすじが通っていて、見習いたい」

7．世界の人と手をつなごう～「もっと知りたい」と思う学びを～

国際理解教育がさかんであったこの学校の六年では、毎年、「総合的な学習の時間」に「世界の人と手をつなごう」という学習が組まれていた。ユニセフを見学し、ユニセフから取り寄せたビデオを見、それぞれが課題を設定する。調べ学習と発表会の後は、子どもたちが街頭募金に立つ。

この学校に赴任した年から、「恵まれない子どもたちのために、募金をお願いします」と募金箱を差し出す六年生の子どもたちの姿に違和感を覚えていた。半数以上の子どもたちが私立中学に進学する。学区にはりっぱなマンションが立ち並ぶ。子どもたちの多くは経済的には決して「恵まれない」とは言えない。「経済的には」だが。六年生たちはどんな学びを経て「恵まれない子どものために」と街頭に立っているのだろう。本当に学びが六年生たちを動かしているのか、疑問だった。

哲也たちを担任していたこの年は、例年行われていたこの学習の流れを変えてみよう、と学年の教師たちに提案した。募金はやめよう。討論を入れよう。文献をしっかり読むことを勧め、私たちもいっしょに学ぶつもりでつくっていこう、と。この頃までに討論することの意義については、何度も語り合ってきたし、討論は、クラスの学びの中心をなすようになっていた。

学年教師から「募金をやめるとなると、この学習の着地点てどこになるんだろう」という疑問が出された。募金が本当の着地点だったかどうか疑問であることについては同感だという。「認識が変わること」「見えなかったものが見えるようになること」「もっと知りたいと思うようになること」……を目指したい、と話すと、「それ、私自身もそうだわ」などと学年教師たちの賛同を得て、「世界の人と手をつなごう」の学習が始まった。

受験を控えている子が多い。宿題や時間外の学習は困難だ。教室には資料（本や雑誌、ビデオ、DVDなど）をたくさん用意した。家族に紹介されたり図書館で借りてきたりした子も多い。その資料の読み取りのためのグループ論議にはできる限り参加した。ひとりでじっくり文献を読む子たちには、「疑問に感じたところは？」と質問していっしょに話し合った。また、新たな資料を紹介したりもした。

第一次発表と討論（クラス）、第二次の調べとまとめを経て、学年発表会をもった。グループまたは個人（課題によって）のテーマは、「アフガニスタンの子どもたち」「国境なき医師団」「児童労働」「HIV、エイズ」「国際平和村」「イラク戦争」「ストリートチルドレン」「ネパールの子どもたち」「ボスニア・ヘルツェゴビナ」「戦場の小さな武器―少年兵」「バングラディシュ」など多様であった。

第一次発表では、次のような意見が交わされた。

「（調べる）動機がしっかりしていていいと思った。ボスニア・ヘルツェゴビナで何があったのかもよく分かった」

「世界の子どもの六人に一人が学校に通えていないとはショックだった」

「私たちが普段使っているものは子ども達が作ったものかもしれない。そのことの方がショックで悲しい」

「なぜタイにはＨＩＶの人が多いのか。情報が少ないと言っていたが、それだけではないのではないか」

「バングラディシュの独立の意味がよく分からない。もっと詳しく言ってほしい」

「そもそもなぜ『独立』なのか。独立ってことは、支配があったということで、なぜそうなったのかを調べるべきではないのか」

最後の問いは、哲也から発せられた。確信に満ちていた。哲也は、ストリートチルドレンについて調べていたグループにいた。そのグループの子たちは、なぜストリートチルドレンが生まれたのか、貧しさはそもそもどこから来ているのか、なぜ内戦が起こったのか……と、次々と「なぜ」につきあたり、資料を求め、グループ内論議を重ねてきていたのだ。私もそこに何度も参加していた。そして、「植民地政策」を知るに至ったのだ。

「そういうことなのか……」

「日本も同じようなことしてたじゃん！」

「いまは？」

そんなやりとりを経ての、「そもそもなぜ『独立』なのか」という質問だったのである。

学習を終えて、「もっと知りたい、分かりたい」という思いは、少なくとも私の中には確かに生じていた。

8．放課後のできごとをめぐって

三学期、卒業を目前に控えた日のできごとである。

放課後の図工室。哲也が何気なく放った給食のエプロン袋が天井の蛍光灯に当たり、その一本が割れて落ちた。職員室に報告に来たのは、哲也自身。けが人がいないことを確かめ、経緯を聴いて、法律用語と四字熟語の好きな哲也に「器物破損だね。まず謝罪しよう」と話す。

校長・教頭をさがすがどちらも不在。仕方がないので相応の年恰好の教員に手早く耳打ちし、その人を相手に謝罪の儀式を終える。次に用務員室に行き、事情説明と謝罪と「付け替えて下さい」とのお願いをする。もちろん哲也自身が。

その後、クラスの子たちが何人かいたという図工室に哲也とともに向かうと、きれいに片付けられた後だった。子どもたちは帰り支度を終えていた。順序を間違えたな、と思っていると、

「おおー、謝罪の間にすべて片付けられていたか」と、ひとごとのように哲也が言う。

「てっちゃん、周り見て行動してよね。じゃあね～」

と、子どもたちが図工室から引き上げて行った後、教室保管の掃除機が一台残されているのに気づいた。

「掃除機片付けよう」と言うと、渋々持ち上げ「重い～」と言ったあとの哲也のことばに、私は驚いた。

「こういうもんは、出した人が片付けるべきでしょ」

「なに？」

ちょっと待て、それはおかしいだろう……としばし考えてから、

「あのね、みんなは善意で片付けてくれたんだから、感謝の気持ちで掃除機の片付けくらいはてっちゃんがやるべきでしょ」と言ってみる。

「善意はありがたいよ。でも出した物は出した人が片付けるもんだよ。それにさぁ、片付けも含めての善意だったんじゃないの、本来」

さらにこう付け加えた。

「善意をとりつけたのは、オレだし」

翌日、この一連のやりとりをクラスの子どもたちに報告すると、子どもたちは「てっちゃんらしい」と笑った。「ありがとうは？」という子たちに「片付けてくれてありがとう」と哲也が言うと、「掃除機はわざと置いといたんだよぉ」と英志。「くそっ、やられた」と哲也。

そのやりとりを聞きながら、私の中には「こういう場合、掃除機は出した人が片付けるべきである」という討論会の論題が浮かんできた。そして、私の中にも迷いがあることにも気づいた。

届きあうことばに出会って共に学んできた子どもたちとの一年間は、たくさんの出会い直しを作り出し、「もっと知りたい」という思いを高め合うことにもつながっていたのだ。

校長先生、泣いてください!

日本でいちばん児童数の多い小学校に勤務していたときの話。

五年生二五〇人、七クラスの学年主任になるのは気が重かったが、「原ちゃんしかいない。お願い。ぼくもいっしょにがんばるから、ね」とS校長に何度も言われ、引き受けることにした。「原ちゃん」と私を呼んだ人は、後にも先にもこの人しかいない。

それまでに私が出会ってきた校長は、ともに教育活動をすすめる相手として、私にとっては「残念」としか言いようのない人たちがほとんどだった。校長になるまでの仕組み(官制の研究会への奉仕か、御用組合の役員を務めることが暗黙の条件となっていた)が、そもそも「残念な人」を生み出すようになっているのだから、特に期待もしていないのだが、それにしても、ビジョンもやる気も感じられない、さらに指導力にも欠けた人が、権力だけ手にしたかのように錯覚してそこにいる、という現実は「残念」を通り越して「悲劇」ですらあった。子どもたちにとって、それは同時に「被害」でもある。

さて、まさに「加害者」と言いたくなるような校長のあとに赴任してきたS校長は、「ぼくだってね、校長になんかなりたくなかったのよ。子どもといっしょにいるのがいちばんだもん。ああつらい……」などと私たちに向かって時々ぼやきながら、朝会では子どもたちをひきつける話をした。話術も見事だった。

私は次第にこの校長と、子どものこと、授業や行事のこと、学校運営に関わることなど、よく語り合うようになった。楽しかった。やりたいことが増えていった。

自然教室のキャンプファイヤーでは、音楽が専門の校長にリードボーカルをとってもらい、担任たちがみんなでコーラスをつけてうたう、という「教師の出し物」を企画し練習を積んで子どもたちの前で披露した。その後の学習発表会では、子どもたちが歌やダンス、劇、ボディーパーカッションなどで自然教室での出来事を再現した。

この会で、私たち学年教師は、子どもたちに二つの「サプライズ」を用意していた。ひとつは、自然教室に同行した学生の指導補助員さんたちが当日こっそり学校に来て、子どもたちがうたい踊っている舞台に途中からいっしょに参加する、というものだった。学生さんたちは快諾してくれた。当日、子どもたちはもちろん大喜びだった。

そしてもうひとつは……。まず私がマイクを握った。

「キャンプファイヤーで校長先生と学年の先生たちでうたった歌を、もういちど披露したいんですが、残念ながら校長先生は六年生の修学旅行の付き添いで、今日はいらっしゃいません。……が、みなさん！　なんと日光と中継がつながっているんです。スクリーンを見て下さい！」

スクリーンには、事前に音楽室で録画した校長の姿が映し出される。「えーっ！」と騒然とする中、スクリーンの中で校長が歌い始め、私たちは体育館でコーラスをつける。「見上げてごらん　夜の星を～」

S校長の深みのあるいい声が体育館に響き、子どもたちはすぐにしーんとなった。聴き入っていた。

五年末に一クラスが授業が困難な状態になったが、大きな決意をし覚悟を決めたそのクラスの担任も含めて五人が持ち上がり、六年がスタートした。

その年度末に退職を迎えるS校長は、「最後の年に原ちゃんといっしょに卒業生を送り出せるのがうれしいよ」とにこにこしながら言ったが、「無事に送り出せるかどうかわかりませんよ。大事件が次から次へと起こりますよ」と私は答えた。

「大丈夫だよ、原ちゃんなら大丈夫！　いっしょにがんばろうよ」

彼のことばに、また私は安心とやる気をもらい、卒業の日を胸に描いた。

思った通り、大事件は次々に起こった。前章の「届かないことば　届きあうことば」に書いた通りである。六年だけでなく他の学年も、職場も大変だった。

あるクラスの通信票が、保管庫に入れてあったにもかかわらず袋ごとなくなる、という事件もあった。この事件への対処について話し合った際、私は「警察に届けた方がいい」と意見を述べ、校長も「そうしましょう」と言ったが、「指導」に来た教育委員会の方針は、「届けない」だった。

後日、事件は学校名も校長名も明らかにした上で新聞報道され、そこには「警察に届けなかったのは学校の判断」という教育委員会の談話も載った。その談話は、まさに本校に「指導」に来た指導主事が発表したものだった。

「〇〇（「指導」に来た指導主事）許せないなぁ……」と私は怒りをこめて言ったが、「子どもたちに被害がなければ、どっちでもいいのよ。ぼくは気にしないから」とS校長はゆったりと笑っていた。それが彼の「立ち位置」だった。

卒業式を前に、私たち学年教師七人は、校長室に並んで声をそろえた。

「校長先生、卒業生の最後の歌の指揮をしてください！」

「えー、ぼくはいいよぉ……できないよ。原ちゃんがやればいいじゃない。ぼくはそういうの苦手なんだから。……泣いちゃうよぉ」

「泣いてください！」

卒業式の日、子どもたちはみんなS校長をじっと見つめ、うたった。

　今日のこの街は　どこか輝いて

　空に光る雲いっぱい　天使のプレゼント

私はこのフレーズが大好きだ。子どもたちも校長先生も、にじんで見えなくなってしまった。涙をぬぐいながら指揮棒を振る校長先生の目には、私たちの「ありがとう」が見えただろうか。

新しい社会をつくる舞台への誘い〔実践解説〕

琉球大学　上間　陽子

二〇数年前、私は教室における子どもと子ども、子どもと教師とのやりとりを分析する、スクールエスノグラフィーという手法を使って調査をはじめた。

スクールエスノグラフィーという手法を使う調査者は、教室のなかに座席を用意してもらい、子どもと一緒に長い時間を教室で過ごす。だが教室に入ってすぐのころ、外部からきたよそものの調査者に、ただちになにかが見えるわけではない。だから調査者はその教室のなかで目立つ、逸脱しているようにみえる子どもの存在に注目する。そうした子どもの存在を軸にして教室のやりとりを記述することで、その教室のなかでなにが正当とされなにが正当とされないのかという分析を行うことは、教室分析のはじまりのイロハとでもいえるものだった。

私はそのようにして調査をしていたが、いつか原田真知子の教室を訪ねてみたいと思っていた。神奈川県の公立小学校で教鞭をとっていた原田は、全国生活指導研究協議会を牽引している教師のひとりで、教室の子どもとのやりとりや学びについて書かれた原田の実践記録は、毎回とんでもなく面白かった。

ジェンダーや貧困問題、子どもを対象としたマーケティング戦略の分析、近代家族の問題、原田はどのテーマを扱っていても、子どもたちが暮らす足もとのほうから学びをつくる。そうやって編まれた原田の実践記録は、教育というものはいまある社会を再生産するものではなく、子どもたちとよりよい社会とはなにかを語り合いながら、新たに社会を作りだしていくものなのだということがはっきりわかるようなものだった。どうしたらこんな授業を作ることができるのか、私はいつか原田の教室を訪問してみたいと思ってきた。

＊　＊　＊

しばらくたってから、私は原田の教室で丸一日過ごす機会をえた。

原田の教室のやりとりは、それまで見てきた教室とはなにもかも違っていた。原田と子どもたちはわいわいと賑やかに自分の意見を口にし、そこで表明された意見はだれにも茶化されることなく受け止められ、要するに教室のどこにも逸脱している子どもも、排除されている子どももいなかった。私は仕方なく、自分の机を抱えてずるずると教室を移動しながら授業を受けている男の子、あの子がかろうじて一番目立った行動をしていると思い、教室の隅っこに座ってその日一日その子の様子を観察し、放課後になってから原田にその子のことを聞いてみた。

「○○さんっていましたよね？　机を抱えながらずっと動いていた子です。彼はどういう子ですか？」

てっきり発達障がいの診断が出ていると言われるのか、あるいは原田と保護者の深いやりとりでも聞き出せるかと思っていた私の期待は見事にはずれ、原田は私をみてにっこり笑い、そしてすぐに質問を切り替えた。

「あー、あの子、〇〇ちゃん。〇〇ちゃんはね、クラスの人気者。ほかに質問は？」

冷や水を浴びたような気持ちというのはこのようなものだと思う。私が指摘したことは、授業中は自分の座席に座って大人しく授業を受けるのが当たり前であって、そうではない子どもは逸脱しているという視点が入り込んだものだ。いや、たとえそうした捉え方を採用したとしても、部外者には突飛にみえる行動がその教室の子どもたちにとっては日常で、その発言や行動をその子ならではの面白さとして味わえるようになった教室の歴史もあるだろう。私は、机を引きずるその子の行動ではなく、それがあたりまえのように受け止められている教室の雰囲気が、どのようにしてつくられてきたかに注目して原田の言葉を聞くべきだった。あのとき原田は、逸脱をめぐる私の規範とともに、その視点では何も見えないとはっきり抗議したのだと私は思う。

＊　＊　＊

そうした原田の教室の様子は、この本に収録されたさまざまな実践記録からもうかがえる。たとえば

「果てない波は止まらなくとも」には、「奇行」を繰り返すゆーくんが登場する。四月に出会ったころは、ほとんど言葉を発することはなく不思議な行為を繰り返していたゆーくんは、それでもどこにもいかずに教室のなかにいる。他の教室ならばそうした行為を、発達の特性ゆえのコミュニケーション不全だと判断しただろう。でも原田はゆーくんの行為を「表現」だと捉えており、学校のさまざまな規範にしばられている子どもたちにとって、その表現は意味のあるものだと考えている。だから原田はゆーくんに表現を促しながら、それを面白いと思っている子どもたちとゆーくんを近づけ、子どもたちもまた、ゆーくんの表現を楽しみはじめる。こうしたやりとりからは、コミュニケーションがとれるかとれないかは、発する側と受けとる側の相互の問題であることがあっさりわかる。

この実践のなかでしみじみ面白く、かつ的確に学級の雰囲気を伝えているのは次のエピソードになるだろう。ゆーくんはある日、子どもたちがだれもいない教室で、マジック、カルタ、トランプ、ウノ、クレヨン、色えんぴつなどのクラスみんなの持ち物を取り出して、教室の中央に小さな山をつくりどこかにこっそり隠れてしまう。教室に帰ってきた子どもたちはゆーくんのつくった小山をみつけると、「なんだこれ……」「またはでにやったなぁ……」「なんか……色がきれいだよね」「楽しかっただろうなぁ、これやっている時……」といいながら、さっさと小山の小物を片づけはじめる。片付けをしていて探せないものがあって困っている子どもがいると、ゆーくんはひょいとその場に現れてどこに隠したか教えてくれる。隠した張本人が隠し場所を教えてくれると、子どもたちは感謝の言葉を口にする。そして子どもたちは、「マジックボックスも雨の日ボックスもちょっとぐちゃぐちゃになってきてたから、ちょうどよかったよね」と話してその時間を楽しみ、みんなで笑う。

存在が承認される教室で、子どもはかくも優しく誰かと住まう。原田の学級の子どもたちが優しいのは、ゆーくんだけが存在を認められているのではなくて、自分もまた認められていると確かに実感できるからなのだろう。だからそこには、発達障がいなどといわれて、排除される子どもはいない。その振る舞いは学校規範になじまないと批判されて排除が正当化されるような、よくある学校の風景は現れない。どの子もその子らしいやりかたで自由にふるまい、その子のありかたは当たり前のように承認される。

＊　＊　＊

そういう教室だからか、原田の実践ではおやっと思うような出来事も事件にならない。たとえば「英志と五年生の子どもたちとともに学び続けた一年間」という実践記録には、英志という子どもが登場する。英志は四年生までは学校中から問題児だとされていた子だったが、そもそも原田は最初から英志のことを問題児だとは捉えていない。

「英志の不満を聴き取り、対話をするのが大好きだった。英志の不満は多くの子の不満だったたし、それをこんなにはっきり表明できるなんて、なんてすてきなことなんだろう、と思っていたからだ。さらに、その表明はさまざまな学びを生み出してくれる」

英志の不満の表出が多くの子どもたちの思いであり、それがみんなの学びを促していると捉える原田のもとで、英志はみるみる変わっていく。

「なんかさ五年になってから、すげえ怒られんの減ったんだけど、オレ。……だってオレすごかったんだよ、怒られ大将だったよ、四年まで」

そんなふうに原田に話す英志は、自然教室でキャンプファイヤーの実行委員になり、当日は、「火の神様」を呼び出す役を大声とオリジナルのパフォーマンスでやりきる。自然教室の夜、キャンプファイヤーの炎と光を味わった子どもたちは、もうすぐ転校してしまう翔にいい時間をつくることができたといって大喜びする。

だがキャンプファイヤーが大成功し、興奮したまま宿舎に戻ろうとしていた英志は、克哉の足につまずき転んでしまう。かっとなった英志は、克哉のおなかに二度も三度も蹴りを入れるとその場からぱっと逃げ出してしまう。大役を務めあげてみんなに喜んでもらい、去年までの自分とは違うと学年中に認められたそのときに、英志はふたたび暴力をふるいその場にいられなくなってしまう。こんなときにどういった言葉が届くのだろう？

原田は英志におなかを蹴られた克哉に、「ごめん、なかったことにして」とすばやく告げると、その場から逃げだした英志を追いかけて声をかける。

「よかったよ、キャンプファイヤー。すっごくよかった。翔も喜んでた。ここまでよくがんばったね。えらいよ、英志。かっこよかったよ。それだけだから。後は何もなかったから」

原田はここで、英志がその日やり切ったことに焦点あてて、「すっごくよかった」「翔も喜んでいた」「ここまでよくがんばったね」「えらいよ」「かっこよかったよ」と声をかけ、そのあと克哉にふるってしまった暴力は、「何もなかった」のだと英志に告げる。原田の言葉を聞いた英志は涙を流しながらうなずき、そしてその日の英志の暴力は、ほんとうに誰にも咎められることはなかった。

だが、こうした原田の対応によって、結局のところ英志の暴力が許されてしまっていると捉えるものもいるだろう。もちろんあらゆる暴力は、暴力と言うだけで許されるべきではない。だが子どもはある日を境に、くっきり生まれ変わるものではない。変わってきたと思った矢先になにかをやって、また元のようにもふるまってしまう。それでもよきものを目指して行きつ戻りつ螺旋状に変化していくものが子どもの発達ならば、行きつ戻りつもまた教育の範囲にある。だから暴力を許さないという地点にたどり着くためには、その子どもが暴力を手放すための時間が、あらかじめその場所に内包されていなくてはならない。原田は、その日に再び現れた英志の暴力を許しながら、それをより徹底的に手放すほうへと英志を誘う。ここにおける原田の言葉かけは、あなたはもうすでに変わりつつあるのであり、私はそれを見届けようとしているということを、英志のなかに刻みこむことにある。

とはいえ、こうした英志との関わりは、暴力をふるわれた克哉にとってはどのような意味を持つのだろう? こういう原田の関わりかたは、被害者である克哉への暴力をなかったものとして扱う危険性があり、結局のところ克哉に対する英志の暴力を肯定しているようにもみえる。確かにこの実践記録には、克哉と原田がこの日の出来事について何を話し、どう捉えたのかは書かれておらず、克哉の声は本当に聞き取られたのかいまひとつわからない。だがやはり、そこに実践の不十分さのみをみるべきではないだろう。原田は、克哉もまた英志と同じように暴力をふるう子どもだと看取り、英志と克哉がこの日の出来事を話せるようになる日がくることを予期している。予期しているのだから、原田はそのような時間をつくろうとするのだろう。そしてその後、克哉の揺れに伴走したのは、ほかならぬ英志だったことを原田は記す。ここからは暴力を手放すために揺れたものが、今度は暴力を手放そうとする別の誰かの支え手として現れたことがうかがえる。教室という場でともに生活するものであること、そしてその時間が一年間あるということは、現れた問題すべてを、その場においてただちに解決させるという手法でなくてもよいということなのだろう。そのときだけで決着をつけなくても、修復のときは現れる。一緒にいる時間はこの先も続く。

ところでこうした暴力の修復の取り組みは、原田の実践に固有の特徴ではなく、教育というものが内包している特徴のひとつでもあるように私は思う。教育というものが、いまあるそのひとの姿ではなく、そのひとの変化と未来を内包する磁場である以上、現れた暴力を単に排除すればいいわけではない。暴力はまさに問題である。だからこそ、暴力を手放し生きていく未来を目指す時間が必要とされる。実践において原田が選んだ実践的手立ては、克哉に対する英志の謝罪をただちに引き出すということではなく、その日、英志が実現したことを認めることだった。そのような働きかけによって、英志は暴力を手放し、かつての自分のように暴力をふるいながらもそれを手放そうと揺れるもののそばに立つ。英志がそばにいるから克哉もまた、変化の道を選ぼうとするのだろう。原田は、ひととひととの関係が新たにつくられ、許し許されるときがくる世界の豊穣さを描く。それは、なんという豊かな世界なのだろう。

＊　＊　＊

だがこうした許し許される世界は、一年間一緒に過ごせばただちに生まれるというわけではないだろう。子どもと子どもの関わりと思いのつながりを広げ、なんでも話し合えるような安心できる教室にならない限り、そうした世界は現れるはずもない。

「子どもが子どもとして生きられる教室へ」は、それが実践的に実現されるすじみちをくっきり描いた実践記録である。

この実践は、前年度に壮絶ないじめを体験した四年生を、原田が受け持ったときのものになっている。原田の学級には、昨年までのいじめの被害者であるケンゴと、いじめの加害者であるマイのふたりが配置されている。つまり原田が仕事をしていたこの学校は、いじめの中身もその当事者も把握していないような学校だというわけだ。だから親たちの学校不信感も強い。学校や子どもの成長に対する不安や疑問を口にしたとたん、ただちに親の問題として処理する学校だからだ。子どもたちもまた学校に期待していない。その行為をやめさせるために動いてくれる大人は、そこにはひとりもいなかったからだ。

学級始まりの当初、この実践の中心となる子どものひとりは、引き継ぎファイルに問題を起こす子どもとして記載されていた、ヒロくんだ。

ヒロくんは、「もういいですよ！」「ぼくが死ねばすむことです！」と頻繁にパニックをおこす。原田はヒロくんがパニックをおこしているのはなぜなのか子どもたちと探求し、そうやって理由を問われるなかでヒロくんのパニックの頻度は減っていく。それと並行しながら震災の年、原田と子どもたちは、ニュースや被災地で起きていることを学びながら何度も何度も語り合う。そうした語り合いのなかで、子どもたちの目はしだいに社会にむかってひろがっていく。だからその年、子どもたちが選んだ学芸大会のスローガンは、そのころ気軽に使われた「絆」などの流行語にはならない。自分たちの痛みと被災地の痛みをなんとかつなごうと模索する『Ｗｉｔｈ～歩き出そうともに』という言葉が選ばれる。

そうやって生きている今を語り合い、自分の考えを語り合うことができたそのとき、原田は去年の学級で起こったいじめについて語り合うことができる地平がようやく現れたと判断する。教室には、去年まで罵倒され、暴力をうけて担任に相談し、いじめがさらに激化したなかで過ごしてきたケンゴがいる。そして教室には、そのケンゴをいじめていたマイもいる。原田は、被害者であったケンゴが、加害者であったマイが、そしていじめをとめられなかった傍観者のみんなが、いじめについて語り合うときを、一二月の教室に用意する。

＊　＊　＊

一二月のその日、原田は、スウェーデンの教材とされている絵本、『わたしのせいじゃない―せきにんについて―』という絵本を教室に持ち込む。この絵本は、泣き続けているひとりの子どもを遠目に眺める一五人の子どものひとりひとりが絵本の前面に出てきて、自分がいじめに加担した理由を述べていくものだ。

原田は、大型テレビに絵本の一ページ、一ページを映しながら、子どもたちに読み聞かせをはじめる。

「学校のやすみじかんにあったことだけど　わたしのせいじゃないわ」

「自分のせいじゃないか その子が かわってるんだ　ほかの子はみんな ふつうなのに」

「泣いている男の子なんて さいていよ おもしろくない子なのよ」

「ひとことも しゃべらなかった ぼくたちを みつめていただけだった　さけべばいいのに」

「たたいても わたしは へいきだった みんな たたいたんだもの　わたしのせいじゃないわ」

最初のころは聞こえた「えー、ひどい……」「なんでそんな……」「いいじゃん、変わってたって。ぼくだって変わってるよ！」という子どもたちのつぶやきは、やがて消える。この教室のなかには、本に登場するひとりひとりと同じように、いじめられた当事者も、いじめに加担した当事者もいることを子どもたちは知っているからだ。子どもたちはみな、緊張に包まれて黙り込む。

しんとした教室で、原田が「感想を書こうか」と声をかけると、去年までひどいいじめをうけていたケンゴは泣き崩れてしまう。原田は、「自分のことと重なることがあったものね。ケンゴは、つらかったら感想は書かなくていいからね」と声をかけると、教室のほかの子どもたちに、「みんなも自分のこととして考えてみてね」と声をかける。原田の声に促されるように、子どもたちは感想を書き始める。

しんとした教室で、最初に口火を切ったのはタカヤだった。

「ぼくは……いじめがあったことを知っていました。でも、助けたかったけど……助けられなかった……ごめんなさい」

涙声で話し出したタカヤに続き、何人かの子どもが話し出す。その言葉に励まされるように、被害者だったケンゴもまた、泣きながら話し出す。

「ぼくは、別にみんな悪いとは思ってない。だってみんなやんないと生きのこれないからです」

いじめられていた子どもが、自分をいじめた子どもたちのことを「みんな、やらないと生きのこれない」のだと説明する。それは学校という場所で、子どもたちが生き残りをかけた生存競争をさせられているという言葉でもある。いじめられた当事者が、みんなのいた場をおもんぱかろうとする言葉の痛ましさに胸をつかれながらも、原田は語り出そうとするマイの姿を見逃さない。原田はマイの発言を促す。

「私も知っていたけど……私は……私は……」

マイの語ろうとしている言葉は、それまで語られていたような「助けたかったけれど助けられなかった」という傍観者の言葉ではない。マイは、ケンゴをいじめぬいたほかならぬ加害者だったからだ。原田の学級になってから、去年までの自分を忘れるようにしながら学級での日々を楽しみ、困っている子に寄り添おうとしてきたマイのなかに、加害者となってでも、学校という場所を生き延びようとした傷みを原田はみいだしている。語られ聴きとられることがなければ、その傷みが昇華することはないだろう。だから原田はマイのそばにたち、「何にもできなかった?」と声をかける。小さくうなずいたあと、言葉を紡ぐことができなくなったマイに、原田はさらに、「いじめちゃった?」と言葉をかける。その言葉になんとかうなずくと、マイは言葉を発することができなくなって泣き崩れてしまう。いじめてしまった事実を、そしてそのことを後悔していることを、みんなの前で告白できれば十分だと思ったのだろう。原田は泣き続けるマイに「よく言えたね」と言うと、マイの頭をそっとなでる。

「つらい経験だったね。あんなことは二度としたくないっていう気持ちの人が、ここにはたくさんいる。でもね……でもいいの。子どもだから失敗することはあるの。そこから学びながら、大きくなっていくの……」


原田もまた泣きながら、泣いている子どもたちにそう声をかける。

語り合える空間ができたときに、自分が犯した罪について認めることができる。その罪を認めて、それでも受け入れられる場所をえたときに子どもは変わることができる。ここにもまた、子どもは行きつ戻りつを繰り返しながら、やがて暴力を回避する地平にたどりつくのだという、修復をみすえた原田の考えが現れる。

＊　＊　＊

最後にひとつ、裏話を披露したい。この実践記録の会話文の記録は、当時、沖縄から神奈川まででかけていった当時の私のゼミ生が記録したものだ。

「教員免許はとるけれど、僕は学校のセンセイにはならない」

学校教師に対する違和感を口にしながらも、教職の授業を取っているアメフト部の学生だった彼は、教職の授業をとり終わると、なぜか私のゼミ生にもなった。

あるとき、「センセイってほんと、子どもや親の話聞かないですよね」という彼の言葉に全面的に同意しつつも、「原田先生っていう、子どもや親とのおしゃべりがものすごく面白い先生が沖縄に来て学習会をするんだけど」と声をかけてみると、彼はひょっこりその学習会にやってきた。帰りぎわに、「こういうセンセイっているんですね」とびっくりした顔で話した彼は、しばらくたつと「原田先生の教室をみてみたい」といって自分で原田に連絡をとって、原田の教室に二週間近くでかけていった。

彼の持ち帰った膨大なフィールドノーツや資料には、いじめについて語り合ったその日のやりとりとともに、子どもたちの写真が掲載された学級通信もあった。原田はその日の学級通信のなかで、親たちにむけて、いじめについてのその日の学級の語りあいと、イラク戦争の終結について書いている。

「イラク戦争終結」をアメリカ大統領が宣言したことをニュースで知り、「終わって良かった」との思いとともに、あんなに多くの人びと、子どもたちが犠牲になったのに、責任を負う者は、また誰もいないままか。大人はみんなで『私のせいじゃない』と考えていないか。原発事故も同じことにならないのかと言う強い思いを抱いた。

そう、だからこの授業は入れ子構造になっている。子どもたちがいじめいじめられの生存競争をさせられているその学校は、弱いものの圧殺に知らんふりを決め込んでいる、私たち大人たちによって生み出されたものだと原田はみている。本当の敵は、いじめをした加害者の子どもたちでも、いじめをみていた子どもたちでもない。子どもたちを被害者／加害者にする社会であり、その社会を放置し、無視を決め込む大人たちだ。そういった意味でも、この授業の舞台は教室だけにとどまるものではない。教室に集う子どもたちを育てる大人、社会をつくるという責任を持っている大人の側にもその光はあてられる。こんなにも悲しい思いをしている子どもたちを作り出しているのは私たちであること、私たちにはそれを変える責任があること、原田は大人たちもまた舞台にあがれと私たちを誘う。

ところで、いじめについて語り合った次の授業は体育で、それはマット運動だったと私のゼミ生は話していた。その日の学級通信の写真のなかで、ふたりの子どもはマットを持って笑っている。

「一緒にマットを持っている、この男の子と女の子って誰だと思います？　これ、ケンゴとマイなんですよ。僕、本当にびっくりしたんです。子どもって許すんですよ。子どもはこんなふうに笑うんですよ」

体操着を着てマットの右端と左端を持って笑いこけている、ふたりの子どもは本当にかわいかった。だれかを許したとき、だれかに許されたとき、ひとがこんな顔で笑うことを、私はそのとき初めて知った。

彼はその後、「僕は子どもの話を聞く先生になろうと思います」といって教師になった。ときどき、学級の子どもたちの話を聞かせてくれる。実はこっそり、同じ学校の子どもたちからも彼の話を聞いている。笑い声が絶えない教室らしい。給食時間は黙って食べるという学校スタンダードがある学校なのに、いつも賑やかな声や音楽が聞こえてくるらしい。休み時間には、たくさんの子どもが彼のまわりに集まるらしい。

教師にはならないといっていた彼は、あのとき神奈川まででかけていって、人生を変えるような授業に立ち会ったんだろうと思っている。そして彼らしい穏やかな闘い方で、子どもたちの話を聞きながら教師を続けている。

＊　＊　＊

二〇一八年、原田は教師を辞めた。原田が教師を続けてきたこの三六年間は、日本社会と学校の閉塞感の強まっていった三六年間でもある。

そういう日々のなかで原田がやってきたのは、教室という舞台を中心に、自分たちのいる社会を子どもと一緒に読み解いていくゲリラ戦だったのだと思う。学びは常に私たちの前にある。私たちがそれを作り出せないのは、何を見ているのか子どもたちに尋ね、何を考えているのか教えてほしいと、私たちが子どもの声を聞かないからだ。

これからはもう日本のどこの教壇にも、原田は立たない。でも、原田の軌跡をたどる記録ができたのだから、私たちはこれを片手に、それぞれの現場で子どもたちと一緒に社会を読み解く方法を考えていけばいいのだと思う。子どもたちと語り合い、子どもの世界に何が起きているか子どもたちに教えてもらうことができたならば、私たちはまだ、子どもと一緒にいろいろな学びを作り出していくことができると思う。学びがそこにあるのならば、私たちの社会がどのような社会であり、自分はどのような社会で生きていきたいのかという望みが生まれることもあるだろう。要するにこの本は、教室を舞台に第一線を張り続けた原田が、子どもと一緒に社会を読み解き、いまはまだ現前に現れていない新しい社会をつくる舞台にあがれと私たちを誘う、そういう記録なのだと私は思う。誘われたのだから、私たちは舞台にあがればいいのだと思う。そしてそれぞれのやり方で、はじめていけばいいのだと思う。

あとがき

昨年、ある大学でゲスト講師として「いじめ・不登校と子どもの権利」の講義をした。学生たちは事前に『悪ガキ』たちとともに」を読んでおり、読み取った内容や感想、意見、質問が私のところに送られて来ていた。多くは、「学ぶことが多かった」といった内容であったが、中に、次のような声があった。

資料を読んで、教員の負担がとても大きいのではないかと感じた。読んだ直後は、教員になった時やこのような場面に陥った時参考になる良い話だなと思った。しかし、担任教員の負担はどれほどのものなのだろうか。結果的に、先生は保護者にも影響を与えることに成功した。しかし、これは担任の教員が一人で負うこと（資料には機関やカウンセラーなどと連携をとる場面がなかったためそう判断した）なのかは疑問である。良い話・成功例であることは間違いない。しかし、参考になるかどうかはよく考えなければ分からないなと感じた。（抜粋）

この感想を読んで、私は思わず膝を打った。まったくその通りである。ここには、実践記録に書かれていない重大なことが指摘されている。教師の負担が大き過ぎるのである。そして、私はそのことにとても腹を立てていた。四〇人の満員学級は、物理的に窮屈であるばかりでなく、そこにいる教師も子どもたちもたくさんの不利益を被っている。日本の教師の仕事は「教えること」だけにとどまらない。事務仕事も体力を使う仕事も膨大にある。スクールカウンセラーの制度は当時まだ導入されていなかったし、いまもまったく十分とは言えない。担任がひとりでやらなければならないことが多すぎるのである。

どの実践記録にも書かれていないが、実は、私はずっと怒っていた。条件が悪すぎる。忙しすぎる。時間が足りなさすぎる。これは本当に教師がやるべき業務なのか……。それは、「本来の仕事」に没頭させてほしい、という切実な願いをこめた怒りであった。

『誰も知らない』『子どもたちをよろしく』『子ども食堂』『滑走路』など…いじめや貧困、虐待が描かれたこれらの映画のいずれにおいても、学校や教師は風景としてしか登場しない。過酷な環境に置かれている子どもたちの救いを求める声は、学校では受け止められないどころか気づかれもしないのだ。だから、私はいまでも「出会えなかったたくさんの子どもたち」がいたに違いないと思っている。

DV家庭に育った子、義父から性暴力を受けた子、貧困の中で中学生の姉のバイト代で糊口を凌いでいた子、父親の自死の現場を目撃してしまった子、妊娠した体で卒業式に出席していた子……。私が出会ってきたこれらの子どもたちは、きっとほんの一部に過ぎない。そして、いまはもっと出会いは難しくなっている。出会えなくしてしまっているのは、教師の熱意や技量の問題ばかりではない。

他国に比べて教育予算が少なく、一クラスあたりの子どもの数は多すぎ、教師の勤務時間は最長である（OECD調査より）。小学校の学級人数は二〇二一年度から五年かけて三五人に引き下げられるそうだが、これは私が教師になってから退職するまでずっと要求してきたことだ。遅すぎるし、不十分だ。

一方で、ゼロトレランスを推奨し、教科道徳で価値観を押しつける。コロナ禍でいったん中止となった全国一斉学力テスト（学校スタンダードの広がりの一因でもある）さえも再開しようとしている。教員を評価し管理強化と画一化を進める。予算も内容も、この国の教育政策はまったくもって貧相だ。

そんな中で教師が本当の意味で子どもに出会い、子どもどうしが出会い直すことができるだろうか。子どもたちが真に「賢さ」を身につける学びを作り出すことができるだろうか。そんないらだちを抱えながら、それでも「待ったなし」で目の前にいる子どもたちと向き合い、寄り添い、ともに学んできた。

ここに書かれた記録は、すべてそういうものなのだ。

先日、ネット配信で「冷笑の時代に声をあげる若者」といったテーマの討論番組を見た。時代が「冷笑」であるのは、「対話の仕方や討論を学校で学んでこなかったから」という出演者の発言に私は大いに首肯した。「違った意見を言ったら相手との関係が切れてしまうのではないか、と考えていた」という声には胸が痛んだ。この国の若者たちは「保守化している」「変革を望んでいない」と言われている。貧相な教育は、子どもたちから多くを奪うだけでなく、同調圧力をかけ続けてきた。「かけられた者」はやがて「かける者」になり、「冷笑」の時代になった。学校の責任は大きいだろう。そんな中でも「声をあげる」と決めて発言し、行動している多くの若者たちがいる。もう学校という場で責任を果たすことができない私は、「声をあげる」若者たちをせいいっぱい応援していきたいと考えている。

さて、上間陽子さんが解説の中で書いてくださった裏話にはまだ続きがあることを書いておきたい。彼女のゼミ生のおかげで私は「子どもが子どもとして生きられる教室へ」を書くことができた。あの宝物のような時間（次の体育の時間も含めて）を彼と共有できたことは、本当に幸いであった。でももうひとつ彼が共有してくれたものがある。「いつか『思い出話』をしよう」という記録の中に書いたシンゴの母との会食の場に、彼も同席していたのだ。シンゴの母と私が、「あの頃の大変さ」を笑いながら語り合っていたとき、彼もその笑いの輪の中にいたのだ。

私の教室には、同僚をはじめ研究会の仲間や学生、取材の人など多くの人たちが訪れてくれた。「ポケモンたんけんたい！」の最後、スグルが「家族になるためだよ」と言った場面の教室には、十数人の若い研究者たちがいた。「分断と不信を越えて」で紹介した「大川小学校」をめぐる議論を見守っていたのは、北海道の教師たちだった。「果てない波は止まらなくとも」の優人とともに教室で数日を過ごした三重の学生もいた。春と秋、毎年二回も教室を訪れてくれた沖縄の人も、都民の日を利用して授業を観に来てくれた人も、また大勢の学生たちを連れて見学に来た大学の教員たちもいた。

振り返れば、ほぼ毎日発行していた学級通信を読んでくださっていた保護者のみなさんをはじめ、子どもたちも私もいつも多くの人たちに見守られてきたのだということに気づく。そのことがうれしい。収録した実践記録の多くはすでに研究会の仲間たちによって分析・討議されてきたものだ。それがあったから、次の記録を書くことができた。そのこともうれしい。

男の子たちについての記述が多くなった。理由はさまざまあるが、ここではそれについてはふれずにおく。もちろん私の傍らにはいつも女の子たちがいた。次があるなら女の子たちのことを書きたい。

最後に、ご自身の体験にもふれながら的確な解説を書いてくださった上間陽子さんと、ずっと伴走してくださった高文研の飯塚直さんに、心からお礼を申し上げます。

原田　真知子（はらだ・まちこ）

1956年、神奈川県生まれ。早稲田大学卒業後、2年間のアルバイト生活(塾講師、家庭教師、大学生協職員など)を経て、1982年、小学校教師になる。以降、定年退職後の再任用1年間を含めて36年間、学級担任をつとめてきた。2018年、退職。『生活指導』誌、『高校生活指導』誌、『教育』誌などに多数の実践記録を発表してきた。共著書に『立ちつくしている教師におくる10章』(大月書店、1999年)、『暴力をこえる』(2001年、大月書店)、『競争と抑圧の教室を変える』(2007年、明治図書)、『〈いじめ〉〈迫害〉—子どもの世界に何がおきているか』(クリエイツかもがわ、2013年)、『学びに取り組む教師』(高文研、2016年)など。全国生活指導研究協議会会員。

上間　陽子（うえま・ようこ）

1972年、沖縄県生まれ。琉球大学教育学研究科教授。1990年代から2014年にかけて東京で、以降は沖縄で未成年の少女たちの調査・支援に携わる。著書に『裸足で逃げる　沖縄夜の街の少女たち』(太田出版、2017年)、「若者たちの離家と家族形成」『危機のなかの若者たち　教育とキャリアに関する5年間の追跡調査』(乾彰夫・本田由紀・中村高康編、東京大学出版会、2017年)、「貧困問題と女性」『女性の生きづらさ　その痛みを語る』(信田さよ子編、日本評論社、2020年)、「排除Ⅱ－ひとりで生きる」『地元を生きる　沖縄的共同性の社会学』(岸政彦・打越正行・上原健太郎・上間陽子、ナカニシヤ出版、2020年)、『海をあげる』(筑摩書房、2020年)など。現在は沖縄で、10代で子どもを産んだ若い女性たちの聞き取り調査を続けている。

「いろんな人がいる」が当たり前の教室に

●二〇二一年三月三一日――第一刷発行
●二〇二四年五月一日――第三刷発行

著　者／原田　真知子
解　説／上間　陽子

発行所／株式会社　高文研
東京都千代田区神田猿楽町二―一―八
三恵ビル（〒一〇一―〇〇六四）
電話03―3295―3415
https://www.koubunken.co.jp

印刷・製本／中央精版印刷株式会社

★万一、乱丁・落丁があったときは、送料当方負担でお取りかえいたします。

ISBN978-4-87498-752-0 C0037